eビジネス新書

No.409

週刊東洋経済

税務署から詐欺師まで

狙われる富裕層

週刊東洋経済 eビジネス新書 No.409

狙われる富裕層

本書は、東洋経済新報社刊『週刊東洋経済』2022年1月8日号より抜粋、加筆修正のうえ制作しています。情報は底本編集当時のものです。（標準読了時間 90分）

狙われる富裕層　目次

手ぐすね引く税務当局

熾烈な調査で追い詰められる富裕層

新型コロナウイルス感染症のワクチン接種が進み、新規感染者数が減少し始めた2021年10月。都内在住の男性の元に、突然、一本の電話が入った。

「米国に、数千万円の残高があるあなた名義の口座がありますよね。あの口座はいったい何に使っていらっしゃるのでしょうか」

声の主は税務署の職員。それだけでも驚いたが、そんな口座の存在に覚えがなかったことから、ますます怖くなった。

この男性は、起業したIT企業を売却して数十億円の資産を保有する富裕層。確かに、以前米国で働いていたことはあるが、何の口座なのかとっさには思い出せなかった。

「ちょっと待ってください」と言って記憶をたどったところ、ようやくある口座の存在に気づいた。米国で働いていた際につくり、生活費用として時折使っていた口座だったのだ。ただ、ビジネスなどで頻繁に使っていたものと違ったためピンとこず、存在さえ忘れていた。

なぜ税務署はそんな連絡をしてきたのか。国税局の元査察官（マルサ）で、税務調査に詳しい税理士は、「国税庁は、2018年からCRS（共通報告基準）に基づいて、海外の税務当局と口座情報を定期的に交換している。男性の口座はその網に引っかかり、残高が多かったので目をつけられたのではないか」とみる。

この男性の場合、脱税の意図などはなく、単純に必要な申請を行っていなかっただけだったため特段のおとがめはなかったが、「そこまで詳細に見られているのか」と、得もいわれぬ気持ち悪さを感じたという。

着々と進む徴税強化

昨今、こうした「お尋ね」を受ける富裕層が急増している。税務当局が富裕層を狙い撃ちにし、徴税強化に乗り出しているからだ。CRSに基づく情報交換をはじめさまざまな制度を導入、海外を含めた資産や資金の動きなどに目を光らせているのだ。

これは世界的な流れ。どの国も税収不足に頭を悩ませており、多額の資産を保有する富裕層の脱税や租税回避を「許すまじ」と躍起になっている。

そうした動きは、2021年12月に自民・公明両党がまとめた税制改正大綱にも表れている。「財産債務調書制度」が見直されることになったからだ。

これは富裕層に資産状況の提出を求めるもの。富裕層の税逃れが巧妙になっていることから、より正確に資産状況の変化を把握しようと15年度に創設された。

これまでは、その年の所得金額2000万円超の人が対象者で、総資産が3億円以上ある、または有価証券などを1億円以上保有している場合に提出義務が課されていた。それを今回の大綱で、所得にかかわらず総資産が10億円以上であれば提出するよう義務づけるとしたのだ。

なぜなら富裕層が、所得の要件に引っかからないよう、さまざまなテクニックを駆使していたから。税務当局は、そうした行為を潰し、徹底的に資産を把握して税金を取ろうと考えているわけだ。

　これまた富裕層を狙い撃ちにした徴税強化の一環といえる。

熾烈な税務調査

　冒頭で紹介した富裕層は、税務署に資産の状況について尋ねられただけで終わったが、所得税の申告漏れを指摘され、過少申告加算税や延滞税を課される富裕層も増えている。

　前出とは別のＩＴ企業を創業、上場したことで資産が数十億円まで膨らんだ富裕層は、海外の資産について捕捉され、申告漏れを指摘された。

「確かにさまざまな節税対策は取っていたが、これまでの税務調査ではまったく指摘されなかったので安心していた。それが急に厳しくなった印象だ。税理士に相談して『大丈夫だろう』とのお墨付きをもらっていたのに……」と男性は苦しい表情を浮かべる。

この男性は「納得できない」として、しばらく税務署と争ったものの、「税務署の姿勢があまりに強固で、解決までにかなりの時間を要しそうだったので諦めて払った」と打ち明ける。

確かに、富裕層をターゲットにした税務調査は年々厳しさを増している。

次のグラフは、国税庁が発表した「富裕層に対する税務調査の件数」と、「1件当たりの申告漏れ所得金額」の推移をまとめたものだ。

申告漏れ所得金額が過去最高に

―「富裕層」に対する税務調査実績の推移―

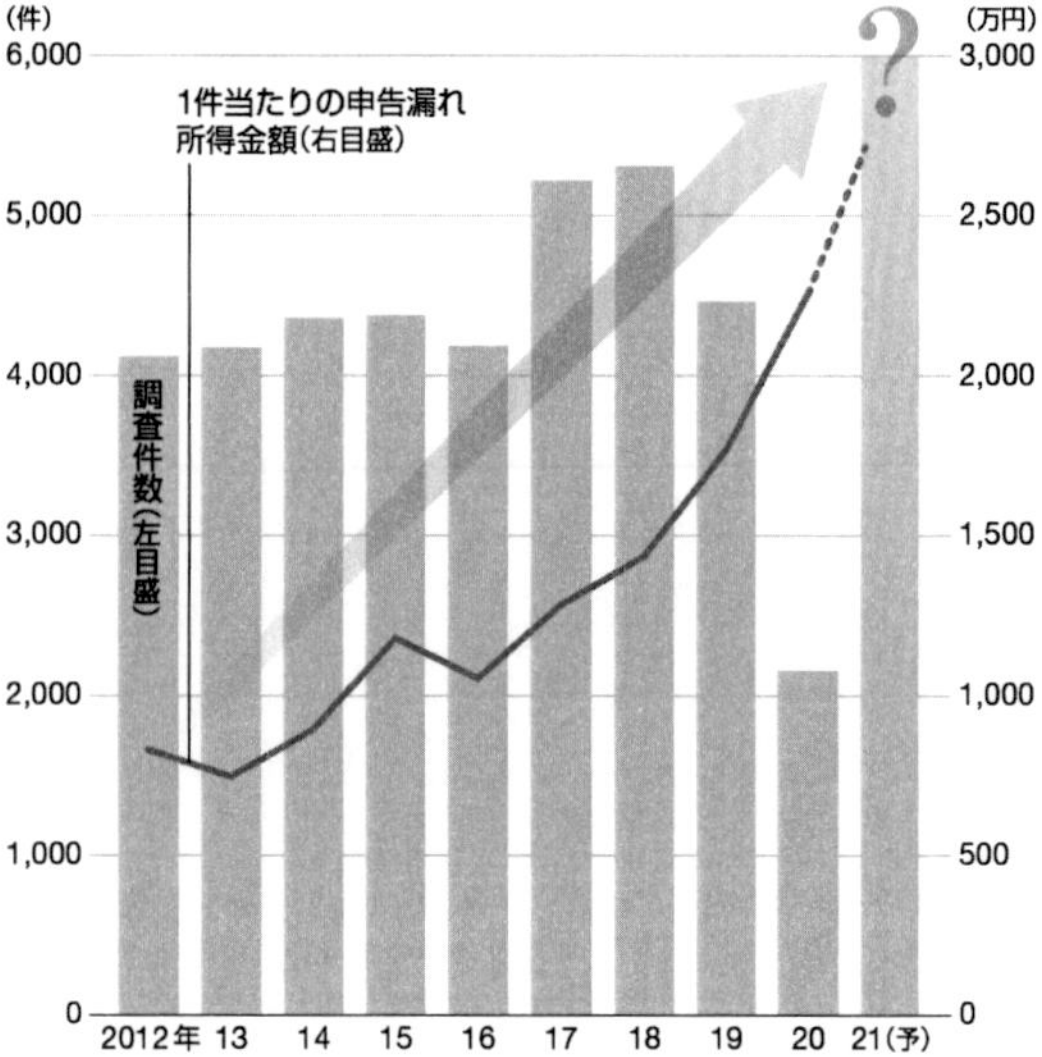

(注)年は事務年度(7月〜翌年6月)　(出所)国税庁の資料を基に東洋経済作成

税務調査の件数はほぼ右肩上がりで増え、CRSによる情報交換が導入された2017年、18年はぐんと伸びている。さすがに新型コロナの感染が拡大した19年、20年は減少しているものの、それでも税務調査は実施され続けていたことがわかる。21年度は過去最高となりそうだ。

一方、1件当たりの申告漏れ所得金額は、データを取り始めた10年前の12年には1000万円に満たなかったものの、すごい勢いで上がり続け、20年は2259万円と、過去最高を記録している。

「新型コロナの影響で調査に入りにくかったこともあり件数こそ減っているが、悪質かつ大きな案件に狙いを定めて調査に入っていたため申告漏れ所得金額は大きく上がった」と、税務調査に詳しい別の税理士は指摘する。

税務当局にマークされ、追い詰められている富裕層。本誌では、総資産1億円以上を富裕層とし、まずコロナ禍における富裕層のリアルについて見た後、狭められる富裕層包囲網や、着々と進んでいる贈与税と相続税の一体化が富裕層へ与える影響などをお伝えする。

併せて、潰され続けてきた中でも残されている節税策や、税制面から見た上手な相続の方法などを伝授する。

（田島靖久）

コロナ禍で激変した富裕層の生活や行動

東京・港区のタワーマンションの一室。その部屋の主である40代の男性は、ワイン片手にパソコンの画面をうっとりとした表情で見つめていた。

「昔から絵が好きで、その延長としてデジタルアートに興味を持ちました。複製が多い中で本物を持っているという優越感と、この先アーティストが成功していく姿を見ることができるという期待感の両方を満たしてくれるんです」

この男性は、仲間とともに創業したIT系の会社が上場を果たし、数十億円規模の資産を手に入れた富裕層。以前から絵画などの美術品には目がなかったが、今はまっているのが「NFTアート」と呼ばれるデジタルアートだ。

NFTとは「Non-Fungible Token」の略語で、「非代替性トークン」と訳され、簡単に言えば「電子証明書」のこと。暗号資産（仮想通貨）にも用いられているブロックチェーンの技術を使い、芸術作品のアーティストの情報などを記載。その作品が世界で唯一無二の〝本物〟であることを証明するものだ。

これが絵画などの美術品に付与されたものが、ＮＦＴアートだ。複製や改ざんが容易だったデジタルアートがＮＦＴとひも付いたことで希少性を持ち、資産性が生まれたというわけである。２０２１年に１００ドルで出品されたアーティストの作品が６９３４万ドル（約７５億円）で落札されたことから一躍脚光を浴びた。

未上場株投資に走る若手

ＮＦＴアートの仕組みは、まずオークション会社などが、アーティストに代わってタイトルや制作年、所有者といった情報を登録したＮＦＴを発行する。そのうえで、デジタルデータがひも付けられたＮＦＴアート作品はオークションにかけられ、落札者は「マーケットプレイス」と呼ばれる取引サイトに出品、愛好家たちは暗号資産で売買するという流れだ。売買額の一定割合はロイヤルティーとしてアーティストに還元される仕組みもある。

音楽やゲームなどの分野でも活用されているNFTは富裕層の所有欲に火をつけ、2018年に46億円だったNFT市場の時価総額が、わずか2年で381億円に急拡大するほど熱を帯びている。冒頭で紹介した男性も、1点数百万〜数千万円はするNFTアートをマーケットプレイスで次々に購入しているという。

NFTはこうして売買される —NFTビジネスの概要—

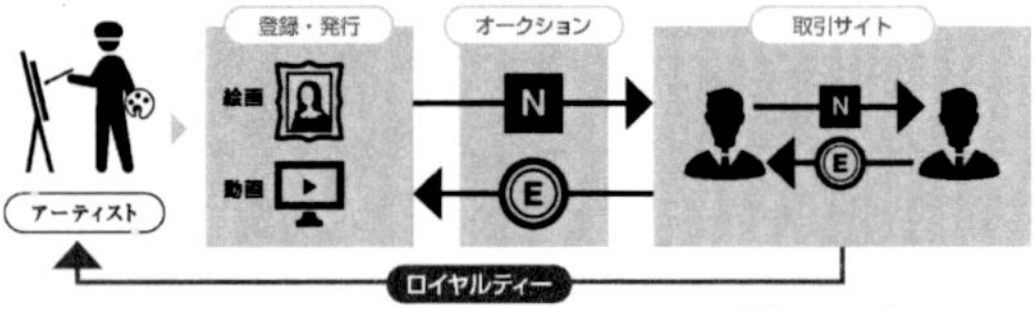

（出所）取材を基に東洋経済作成

急速に成長するNFT市場
—NFT市場の総取引額と時価総額—

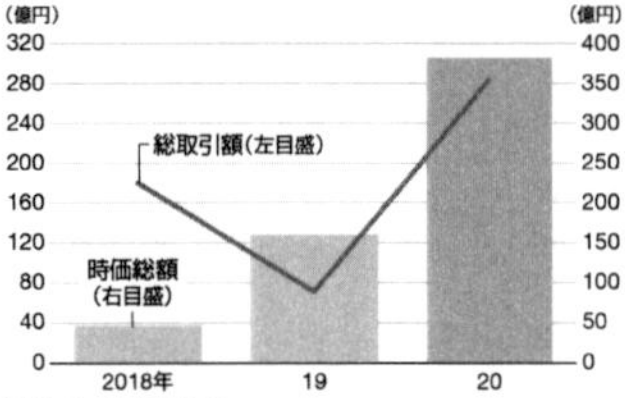

（注）1ドル＝113円で換算
（出所）NFT Yearly Report 2020を基に東洋経済作成

「新型コロナウイルスの感染拡大で、海外旅行はもちろん外出さえままならなくなり、身近で楽しめるアートはもってこいだった。また市場で売買することもできるので、将来、アーティストが有名になって作品の価値が向上したときに売却できるという資産性も気に入っている」と男性は語る。

ＮＦＴの売買にはイーサリアムという暗号資産が使われることが多いが、熱狂を反映してその価格は急騰している。

富裕層が熱くなっているのはＮＦＴアートだけではない。コロナ禍で鳴りを潜めていた高額消費も、新規感染者数が落ち着き始めた２１年の秋以降、目立ち始めている。大手百貨店のそごう・西武では、医師や会社経営者といった富裕層が１０００万円以上もする宝飾品や高級時計などを次々に購入。直近の２１年１１月で見ると、宝飾品は前年同月比１３５％、高級時計も同１１０％の伸びで、コロナ前の水準を上回る勢いだ。

「コロナ禍で外出できなかった影響で、身近で資産性の高い商品を購入する傾向が強い」と富裕層サービスを展開する増渕達也氏は指摘する。

そういう意味では、不動産にも人気が集まる。渋谷や六本木など都心のタワーマンションが飛ぶように売れている。また、テレワークの普及もあって、高級別荘を購入して移住する人も増えている。人気の別荘地である長野県軽井沢町は、幼小中一貫校が設立されたことと相まって、転入による人口増加が全国の町村でナンバーワンとなったほどだ。

ただ、クルーザーやプライベートジェットといった「ザ・富裕層」的な商品には興味がない人が多いという。

富裕層を対象に資産管理や資産運用サービスなどを提供するウェルス・パートナーの世古口俊介氏は、「30~40代の若い富裕層の多くは、見えを張ることに興味がない。その代わり、経営者仲間などと将来成功しそうなベンチャー企業などの情報を交換し、応援の意味も込めて未上場株に投資している」と明かす。

資産戻しに必死なシニア

とはいえ、こうした動きは若い富裕層に限った話。富裕層向けサービス会社ワンハンドレッドパートナーズを運営する百武資薫氏は、「60〜70代の富裕層は新型コロナを機に、海外で築いたり日本からフライト（逃避）させたりしていた資産をいかにして日本に戻すかということばかりを考えている」と指摘する。

かつて富裕層たちは、相続税をはじめ日本の税率が高いことを嫌い、シンガポールのように相続税がなかったり、税率が低かったりする国に資産をフライトさせていた。しかし、国際的な課税強化の流れを受け、海外資産に対する監視の目が年々厳しさを増している。

さらに世界的な新型コロナの感染拡大によって資産の安全性に対する意識も変化しており、「目が届く日本に戻したいという富裕層が増えている」（百武氏）という。そのため仲間同士で頻繁に集まり、資産を日本に戻す手法を話し合っているというのだ。

しかし、監視の目をかいくぐるのは容易なことではない。そこでさまざまな〝奇策〟を弄している。中には、「事業資金」の名目であれば資産が動いても疑われにくいという点に着目、詳細は省くが、世界で展開している企業と手を組んで、あたかも事業を行ったかのように装いながら日本に資産を戻すような「地下銀行」まがいの手法を取ろうとする〝つわもの〟もいるという。

国税当局に見つかれば否認される可能性が高いが、「せっかくフライトさせた資産を税金で持って行かれるのは我慢できない」（会社経営者）という富裕層がほとんどで、日々、頭を悩ませているというわけだ。

株高でも富裕層は増えず

ここまで見てきたように、世代による差こそあるものの、新型コロナは富裕層の生活はもちろん、消費行動や資産に対する考え方も大きく変化させた。では、そもそも富裕層の世帯数や資産規模は、コロナ禍においてどのように変化しているのだろうか。

実は、コロナ以後の富裕層に関する国内データは、どのリサーチ機関やシンクタンクも調査しておらず存在しない。最も新しいものは、野村総合研究所が発表したコロナ前の19年のデータだ。

それによると、純金融資産を5億円以上保有している「超富裕層」は8・7万世帯、同1億円以上5億円未満の「富裕層」は124・0万世帯となっていた。ここまでがいわゆる富裕層だ。

「プチ富裕層」といえる同5000万円以上1億円未満の「準富裕層」は341・8万世帯、そして同3000万円以上5000万円未満の「アッパーマス層」は712・1万世帯となっていた。

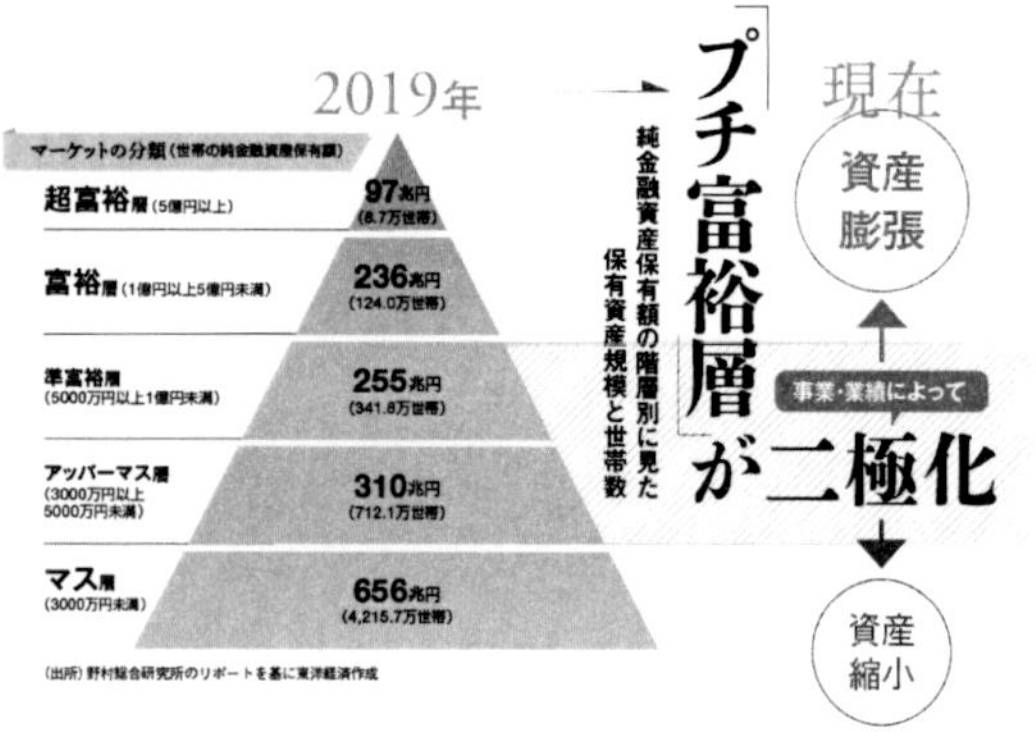
2019年
「プチ富裕層」が二極化
純金融資産保有額の階層別に見た
保有資産規模と世帯数
マーケットの分類（世帯の純金融資産保有額）
超富裕層（5億円以上）
97兆円
（8.7万世帯）
富裕層（1億円以上5億円未満）
236兆円
（124.0万世帯）
準富裕層
（5000万円以上1億円未満）
255兆円
（341.8万世帯）
アッパーマス層
（3000万円以上
5000万円未満）
310兆円
（712.1万世帯）
マス層
（3000万円未満）
656兆円
（4,215.7万世帯）
（出所）野村総合研究所のリポートを基に東洋経済作成
現在
資産
膨張
事業・業績によって
資産
縮小

その後、新型コロナ感染が蔓延。経済がストップしてしまう危機に瀕したことから異次元の財政出動を実施した。その結果、マネーはじゃぶじゃぶになり、コロナ禍にもかかわらず株高が続いている。

そのため、資産の多くを株で保有している富裕層は、資産を膨張させている。事実、前出の世古口氏は顧客のうち「ポートフォリオに占める株式の割合が大きい人は、資産を5~10倍にまで膨らませているケースが多い」と話す。

となると、プチ富裕層からのステップアップで、富裕層の世帯数が大幅に増加していきそうだ。だが、野村総研コンサルティング事業本部の宮本弘之パートナーは、「増えていることは間違いないが、プチ富裕層がごっそり富裕層に転じているわけではない」と言う。

というのも、プチ富裕層の中には、外食や観光といったコロナ禍の影響を受けた業界の人も少なくなく、そうした人たちは資産を大幅に減らしている。「プチ富裕層が二極化している」(宮本氏)といえ、富裕層が急増しているとはいいがたいようだ。

(田島靖久)

元プライベートバンカーが明かす

知られざる富裕層のリアル

ウェルス・パートナー代表取締役　世古口俊介

プライベートバンク（以下ＰＢ）とは、資産数億円以上を保有する富裕層の資産運用に特化した金融機関のことだ。

株式や債券はもちろん、通常ではアクセスできないヘッジファンドや、株式などを担保に資金調達を行う有価証券担保ローン、そしてお任せで資産運用が可能な一任勘定サービスに至るまで、多種多様な金融サービスを提供している。

ところがだ。ＰＢが金融商品だけを提供すればいい時代は終わりつつある。

というのも、いわゆるアベノミクス以降、上昇基調だった株価が、新型コロナウイルスの感染拡大に伴う政府の財政出動によりさらに上昇したことで、顧客の資産状況も大きく変化したからだ。

ＰＢの顧客は、上場企業の創業者で保有資産の大半が上場株式という人が多い。そのため、株高により保有資産が爆発的に増加している。それに伴い株式に集中させず、その他の金融資産や、不動産をはじめとする実物資産へ幅広く分散投資をするニーズが急速に高まっているのだ。

そういったニーズに応えるべくＰＢも商品ラインナップを多様化させている。最近では、未上場企業への株式投資や、実物不動産などを資産配分に組み込む提案を行っている。またニーズがあれば海外のアートフェアを案内したり、子どもの海外留学の専門会社を紹介したりすることもある。

価値観も多様化

このようなＰＢの変化には、株高だけではなく、顧客の価値観の多様化も影響している。

30～40代の若い富裕層は、高級住宅街である東京の松濤に豪邸を建て、神奈川の葉山に別荘を買い、高級外車のフェラーリに乗るといった、「ザ・富裕層」的な生活スタイルを好まない。

普段の生活は意外に質素。その代わり、アートやワインなど、興味を持った特定の分野には多額の資金を投じる。また、経営者仲間などと将来成功しそうなベンチャー企業に関する情報を交換し、応援の意味も込めてそうした企業に投資したりしている。

そうした価値観の変化を敏感に捉えなければ、顧客からの信用を得ることはできない。そのためPBは、顧客は何に関心があるのかつねにアンテナを張り、研究を続けているのだ。

ではそうした努力を続けているPBが今後、拡大していくサービスは何か。

考えられるのは、富裕層の中でも企業経営者のニーズが高いものだ。金融サービスでは暗号資産（仮想通貨）投資など、非金融サービスでは相続対策、事業承継対策をはじめ、最近人気が高いNFTアートや絵画の紹介、慈善活動の支援などが予想される。

実はPBにとって、サービスの多様化は急務。なぜならインターネットとの相性のよさからフィンテック企業もPBに攻勢をかけており、手数料下落の真っただ中だからだ。そのため、顧客からの預かり資産残高を増やす必要に迫られているわけだ。

そのため営業担当のプライベートバンカーには、むやみに手数料の高い仕組み債を売りつけたり、金融商品の回転売買を押し付けたりする人も少なくない。富裕層の方々は、そうした担当者につかまらないよう気をつけてほしい。

世古口俊介（せこぐち・しゅんすけ）

日系、米系、スイス系のプライベートバンクで、11年間活躍。2016年から現職。富裕層の資産運用コンサルティングを手がける。

海外資産に強まる監視

「金融所得に対する課税のあり方について検討する必要がある」

２０２１年１２月１０日、自民・公明両党がまとめた税制改正大綱に盛り込まれたこの文言に、溜飲を下げた投資家は多かっただろう。

そもそも、岸田文雄首相は政権発足当初、「成長と分配」路線の実現に向けて、株式の配当や売却による金融所得について、増税を声高に訴えていた。

それが一転、市場関係者の猛反発や株価の急落という事態を受けて、発言はみるみるトーンダウン。結果として課税のあり方について「検討」を表明しただけで、肝心の見直し期限すら大綱に盛り込めなかった。

投資家や市場関係者サイドの大勝利ともいえる結果で、金融所得の多い富裕層もさぞ気をよくしているかに思われた。

ところが、富裕層の表情は一様に硬いままだ。というのも政権側が、まるで金融所得課税を増税できなかった意趣返しをするかのように、富裕層への徴税強化策を、大綱の至る所にちりばめてきたからだ。

所得基準一部廃止の衝撃

中でも、富裕層が深いため息をつくのが、「財産債務調書制度」の見直しだ。解説していこう。

この制度は、億円単位の資産を持つ富裕層を対象に、不動産や株式などの資産の状況を、毎年詳細に税務署に報告させるものだ。

国税当局が富裕層を狙い撃ち
―富裕層をめぐる徴税強化の流れ―

開始年月	制度の概要
2014年1月	**国外財産調書** 毎年12月31日時点で海外に不動産や預貯金、有価証券など財産が**合計5000万円を超える場合は**調書を提出
15年1月	**国外証券移管等調書** 有価証券による実質的な国外送金の潜脱行為を防ぐため、**海外の証券口座に有価証券などを移管する場合は**告知書を提出
7月	**国外転出時課税（出国税）** **海外に移住する富裕層などを対象に、1億円以上の有価証券などを所有している場合はそ**の含み益に対して所得税を課す
16年1月	**財産債務調書** 大幅見直し **年間の所得金額が2000万円を超え、かつ有価証券などの財産が合計3億円以上ある場合**は調書を提出。24年から財産合計額が**10億円以上**の場合、所得金額に関係なく提出
17年1月	**共通報告基準（CRS）に基づく金融口座情報自動交換** 各国の税務当局が非居住者の預貯金の残高といった**口座情報などを定期的に自動で交換する**制度。2018年に初回の情報交換を実施し、74万件の口座情報を受領

（出所）取材を基に東洋経済作成

目的は、富裕層における「所得税・相続税の申告の適正性を確保」（国税庁）すること。つまり、資産の状況について毎年詳しく税務署に報告させることで、所得隠しや相続時の資産隠しといった課税逃れを、簡単にはできないようにしているわけだ。

調書の提出は、所得が2000万円超でかつ資産の合計額が3億円以上の富裕層が対象になる。それが今回の税制改正によって、2024年から合計10億円以上の資産を持つ人には、所得金額に関係なく、提出を義務づけることにしたのだ。

10億円以上もの資産を持つ富裕層であれば、すでに毎年調書を提出しており、今さらため息をつくような話ではないと思うかもしれないが、そうではない。

一部の富裕層は、2000万円超という所得基準を逆手に取り、提出しなくても済むようにさまざまな税務テクニックを駆使しているのだ。

その代表的なものが、少額の減価償却資産を活用したスキームだ。このスキームによって課税所得を2000万円以下に圧縮し、提出義務の対象者にならないようにしているというのが偽らざる実態だ。

そのため、提出の条件に所得基準がなくなると、資産について問答無用で報告せざるをえなくなってしまうのだ。

ため息の理由はほかにもある。それは、資産隠しなどの目的で海外の口座で保有している暗号資産（仮想通貨）についても、財産債務調書に詳細に記載しなければならなくなるという点だ。

税務当局はすでに、海外への資産フライトによる課税逃れを防ぐために、２０１４年から「国外財産調書制度」を導入している。

調書提出の条件は、５０００万円を超える資産が海外にある場合であるものの、国税庁は取り扱い方針の中で、暗号資産については「調書に記載しなくていい」と整理している。

これがいわゆる税務上の「抜け穴」の１つになっているのだが、財産債務調書に関しては海外口座にある暗号資産についても、調書に記載しなければならない。つまり、国内外を問わず張る資産把握の網が、国外財産調書よりも広いわけだ。

それゆえ、これまで課税逃れを模索してきた資産１０億円以上の富裕層にとっては、今回の財産債務調書制度の大幅な見直しに、ため息が尽きないのだ。

国税庁が手に入れた武器

こうして、富裕層の海外資産に対する「課税包囲網」を着々と築き上げている税務当局にとって、目下強力な武器となっている制度がある。それは、共通報告基準（CRS）に基づく金融口座情報の自動交換制度だ。

海外資産の情報が筒抜けに
―共通報告基準（CRS）に基づく金融口座情報の自動交換制度の概要―

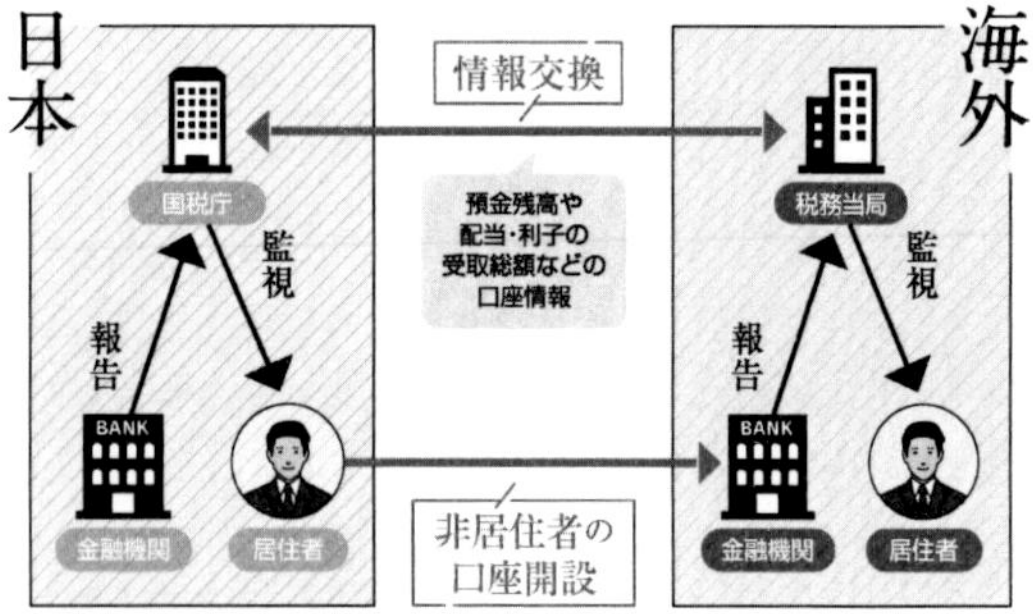

（出所）国税庁資料を基に東洋経済作成

経済協力開発機構（ＯＥＣＤ）が旗振り役となっており、制度を導入している国や地域の税務当局同士が、非居住者の銀行口座の残高といった情報（ＣＲＳ情報）を、定期的に交換する仕組みだ。

日本は２０１７年から制度を導入しており、直近では２０年７月から２１年１月までの約７カ月間で、８４の国・地域から２１９万件の情報を受領したという。口座残高の総額は約１０兆円に上るとされており、国税庁はその巨額な資金に対し監視の目を強めることで、申告漏れなどを洗い出しているわけだ。

次図は２１年１１月に国税庁が公表した具体的な申告漏れ事案だ。

資産隠しにメス
―国税庁が把握した海外資産の申告漏れ事案―

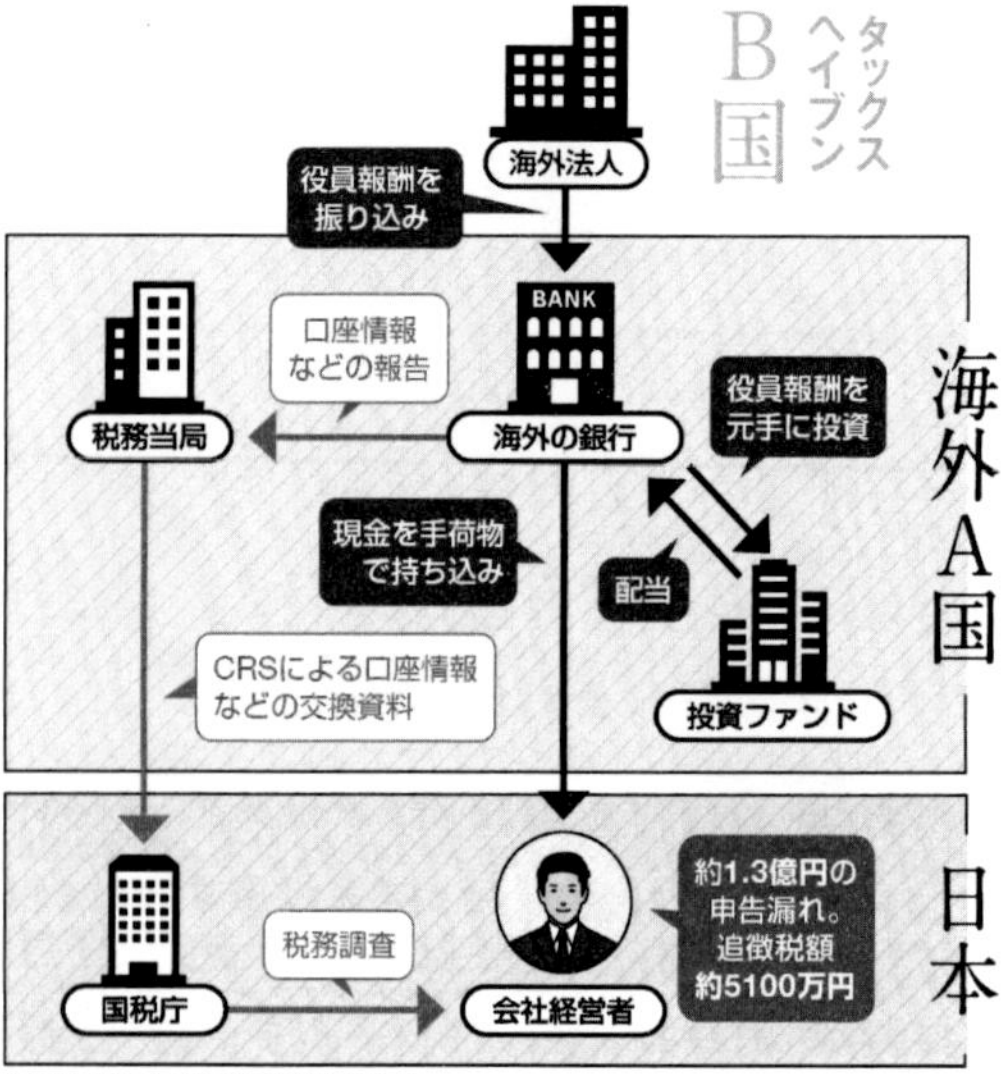

(出所)国税庁資料を基に東洋経済作成

ＣＲＳ情報によって、日本の企業経営者が海外のＡ国に多額の預金を持っていることが発覚。国外送金をした形跡がなかったことから調査を進めたところ、タックスヘイブン（租税回避地）のＢ国に法人を設立し、Ａ国の預金口座に役員報酬として入金させていたことがわかったという。

さらに、その役員報酬を元手にしてファンドに投資し配当金を得ていたほか、Ａ国にある預金を隠す目的で日本円として出金し、手荷物として日本に持ち込んでいたことも判明した。

結果として、この経営者の申告漏れ所得は約1億3000万円、追徴税額は約5100万円に上っている。

この事例を見ても、国税庁にとって海外の口座残高情報という端緒をつかむことが、いかに税務調査における大きな武器になっているのかがよくわかる。

とはいえ、富裕層もただ指をくわえて眺めているわけではない。

金融所得課税をはじめ各種税率の低いシンガポールなど、海外に移住するのはよくある話。だが、中には「カンボジアなどＣＲＳの枠組みに参加していない国に、資産をフライトさせている富裕層の話はいまだによく耳にする」と、国際税務に詳しいある税理士は声を潜めて言う。

カンボジアはＣＲＳへの不参加に加えて、日本と2国間の租税条約を結んでいない。そのため、税務当局同士で個別口座の情報提供をできていないのが現状だ。

この税理士は、「昔はそうした国の銀行に信用力がなく、資金を預けてもいつのまにか消えてなくなってしまうのではという不安が少なからずあった。だが今は、日本のメガバンクがそうした銀行に、直接的・間接的に出資しており、そうした不安が解消されたことも富裕層を後押ししているようだ」と話す。

海外資産をめぐる富裕層と税務当局のいたちごっこは、まだまだ続きそうだ。

（中村正毅）

富裕層の「節税攻防」最前線

「リスクの低いお手軽系の節税術は、ほとんど潰されちゃいましたね」

個人で数十億円の資産を持つ上場企業の経営者は、そう言って肩を落とす。

これまで新たな節税手法を編み出しては税務当局にことごとく封じられるという、〝いたちごっこ〟を演じてきた富裕層たち。その過程で「最も泡を食った」(経営者)のが、米国不動産を使った節税術への規制だった。

米国不動産を活用した節税術とは、減価償却の仕組み(簡便法)を巧みに利用したものだ。

まず米国の木造中古住宅は、取得費用を最短4年で償却することができる。米国では建物の価値が7割前後を占めるため、多額の償却費を4年間のうちに計上でき、課税所得をその分圧縮することができるわけだ。

こうした節税術は2020年度税制改正で封じられたが、「どうせ制度改正以後に取得した不動産が規制の対象になるだろうから、自分は逃げ切れると高をくっていた」とこの経営者は語る。

ところが、ふたを開けてみれば税務当局の姿勢は予想以上に厳しかった。過去に取得した不動産を含めて、21年分以降は「スピード償却」ができないよう規制してきたのだ。

結果、この経営者は、21年と22年の2年分の節税が〝ご破算〟になってしまったという。

国が促す国内設備投資

この規制は個人に対してのもので、法人の場合はまだ可能だ。しかしながら、個人が過去取得分までもさかのぼって規制されたという〝トラウマ〟もあって、「法人においても、もはや下火になっている」と、税務に詳しいオークコンサルティングの前田聡社長は指摘する。

日本の税務当局が、米国など海外不動産の節税スキームをことさら厳しく扱った理由の1つは、富裕層が海外に投資し、日本国内に金を落とさずに節税していたことだ。経済成長に一定程度資する節税であれば、規制のかけ方もここまで厳しいものにはならなかったはずだ。

事実、国は経済成長につなげるという観点で、個人や法人に対する「節税メニュー」を用意しており、適用期限が迫ればその都度延長しサポートするという姿勢で臨んできた。

その代表格が、企業の積極的な設備投資を促す目的で創設された、「中小企業経営強化税制」だ。17年度税制改正で創設し、すでに2度にわたって適用期限を延長している。今のところ、23年3月末まで利用可能だ。

即時償却で課税利益を圧縮
―中小企業経営強化税制（B類型）の概要―

税制メリット	設備投資費用の即時償却または最大10%の法人税額控除が可能				
対象	資本金1億円以下などの中小企業				
期間	2023年3月末日までに設備を導入				
要件（B類型）	設備投資に伴う年平均投資利益率が5%以上になると見込まれること				
手続き	税理士などの確認を受けた投資計画書などを各地の経済産業局に提出				
対象設備（B類型、収益力強化設備）	1台・1つ当たりの価格				
	機械設備	ソフトウェア	建物付属設備	工具	器具備品
	160万円以上	70万円以上	60万円以上	30万円以上	30万円以上

（出所）国税庁の資料などを基に東洋経済作成

適用を受けるには、経営力向上計画書を策定し、各地の経済産業局に提出しなければならない。かなりの手間だが、新たな設備における導入費用の全額を損金算入（即時償却）できるなど、その節税効果は大きい。

この税制を利用した節税スキームの1つで、富裕層の支持を集めているのが「コインランドリー投資」だ。

業務用洗濯機メーカーをはじめ、さまざまな業者が「事業プラン」を宣伝しており、規模にもよるが初期投資額はおおむね3000万円前後が相場になっている。

そのうち約7割、2000万円前後が業務用洗濯機の取得費用となり、「収益力強化設備」として即時償却が可能になる、というのが一般的だ。

コインランドリーは、こうした税制を反映してか、施設数が年々拡大している隠れた成長市場で、民間調査によると全国で2万軒を大きく超えているという。

毛布や布団などをまとめて洗いたいという主婦層のニーズに支えられており、大型の駐車場を備える郊外のショッピングセンターなどで導入が進む。

ただ注意したいのは、これはあくまで「事業投資」であるという点だ。冒頭のように海外不動産を購入し手軽に節税するようなものとは違って、投資リスクが桁違いに大きい。

立地の選定はもちろん、地域の想定顧客層など綿密な事業計画を立てなければ、赤字を抱えて節税どころではなくなるリスクがある。ほかにも、最終的な設備売却など節税スキームの「出口」も、セットで考えておく必要がある。

海上コンテナに熱視線

そのほか、この税制を利用した節税スキームとして、暗号資産（仮想通貨）のマイニング機器や、太陽光パネルへの投資なども注目を集めている。

注目される一方で出資者とトラブルになるケースも散見される。うさんくさい業者も多数参入しているからだ。投資に当たっては、十分に気をつけてもらいたい。

コインランドリー投資などに比べて、相対的に事業リスクが低いとして活用が広がっているのが「中古トラック」だ。

大型トラックの法定耐用年数は5年。新車時からの経過年数にもよるが、中古であれば購入費用を2年以下で償却することができる。

折しも、コロナ禍でインターネット通販の需要が拡大しており、それに伴って物流業界は活況を呈している。

そのためトラックのニーズは底堅く、最終的な売却先といった出口も見通しやすいことも、富裕層の支持を広げている要因だ。

同じく、需要の拡大によって一定の投資効果が期待できるという共通点で、富裕層が熱い視線を送っているのが、中古の「海上コンテナ」のリースだ。

そもそもコンテナリースは、海運会社をはじめ売却先をあらかじめ設定しておくのが通例で、投資の出口に対する不安が小さい。

さらに2020年ごろから、米中貿易摩擦やコロナ禍の影響を受けて、コンテナ船の発着する港湾が混雑しているのに加え、空コンテナの偏在がなかなか解消せず、世界的なコンテナ不足が続いている。そのため売却のハードルがかなり低く、投資効果を期待しやすい状況にあるわけだ。

スキームとしては、コンテナリースなどをアレンジする専門業者と組んで、特別目的会社（SPC）に数千万円単位で出資するのが一般的。大型の海上コンテナをSPCが取得し、海運会社などにリースするという流れになる。

コンテナは基本的に中古で、事業1年目で取得費用の7割前後を償却することが多い。その際、出資者にも応分の投資損失が発生する。出資者はその損失をほかの課税所得と相殺し、節税につなげるわけだ。

コンテナ不足が追い風
―海上コンテナリースによる投資スキーム―

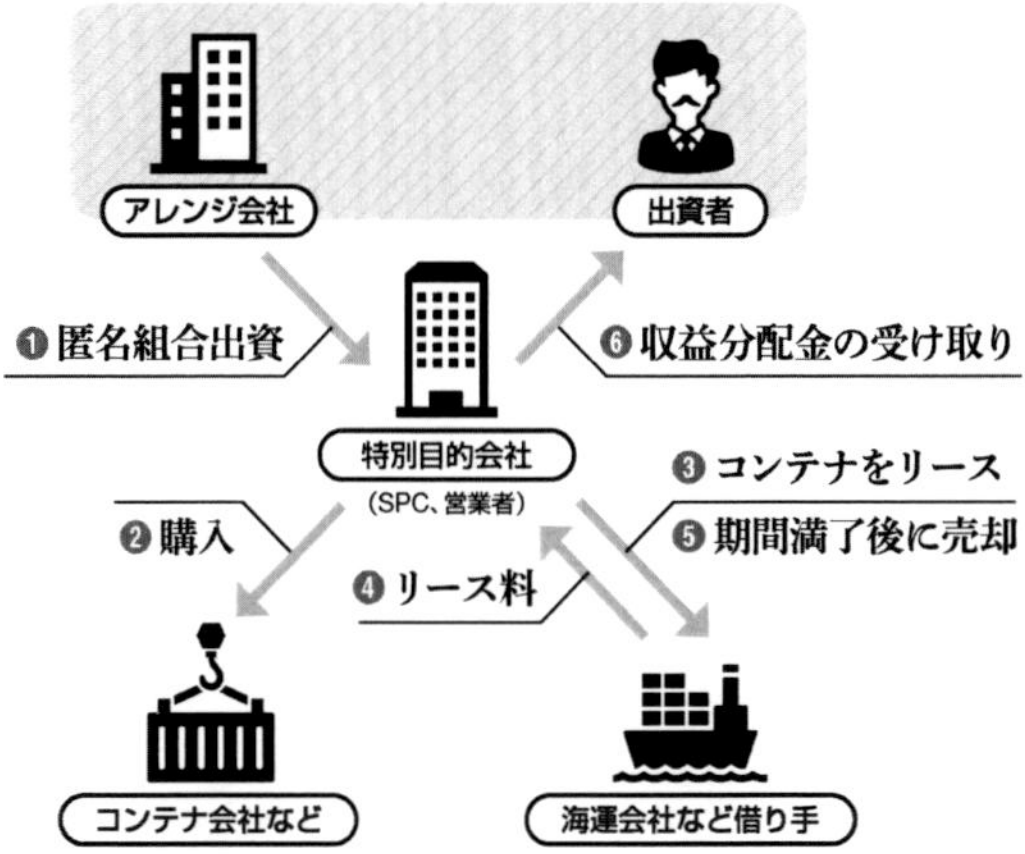

(出所)取材を基に東洋経済作成

押さえておきたいのは、コンテナ投資によって得た利益の処理。利益をそのまま決算処理してしまうと、単純に繰り延べしただけになってしまう。それでは償却による節税効果がほとんどなくなるため、節税が主な目的であれば、利益を最終的に別の損失と相殺する必要がある。

ここまで紹介してきた事例を見てもわかるとおり、節税における王道は「減価償却」だ。ここ数年はとくに、10万円未満といった少額資産の減価償却の仕組みを利用した節税術が、富裕層の間で一気に広がっていた。しかし、あまりの過熱ぶりに税務当局が業を煮やし、22年度税制改正においてついにメスが入ることになった。

その1つが「建設足場レンタル」。足場に使う金属パイプや金具などの資材を購入し、土木業者などに貸し出すスキームだ。

節税スキームを提案している業者などによると、足場の資産評価は組み上げた足場全体ではなく、あくまで金属パイプ1本当たりの評価になるという。

金属パイプの価格は1本数百円程度。税務当局は10万円未満の物品については即時償却ができるとしているため、何本使用しても即時償却が可能になってしまっている。

そのため、足場全体の総額で数十万円から数百万円の費用を即時償却し、節税するスキームが広がっていったのだ。だが、22年度税制改正で「貸し付けの用に供したものを除外する」と明記され、封じられてしまった。

30万円未満なら即時償却が可能 —減価償却(少額資産)の概要—

取得価格	減価償却の方法
10万円未満	消耗品費等として全額損金算入可能
10万円以上20万円未満	一括償却(3年間定額償却)または 300万円を限度として全額損金算入
20万円以上30万円未満	300万円を限度として全額損金算入
30万円以上	通常の減価償却

↓

2022年度税制改正で、貸し付けは**適用不可**に

(例)建設足場、ドローン、スマホのレンタル

(出所)国税庁の資料などを基に東洋経済作成

同様の仕組みを利用したものとして、10万円未満のドローンやスマートフォンのレンタルも人気を集めていたが、それも使えなくなってしまった。

税務当局は貸し付けの除外に関して、所得税についても同様の措置を取るとしており、法人だけでなく富裕層をはじめとする個人についても規制をかけた形だ。

安易な節税策、租税回避行為に対し、税務当局が一段と厳しい目を向ける中で、今後富裕層はどのような一手を繰り出すのだろうか。

（中村正毅）

「節税保険」の最新事情

「保険本来の趣旨を逸脱するような募集活動が今後は行われないよう、当庁としても対応を検討したい」

２０２１年１１月、金融庁と生命保険各社の意見交換会で、金融庁幹部は「節税保険」についてこう切り出した。

節税保険とは、支払った保険料を経費として損金算入することで、課税所得を圧縮し法人税などの節税につなげる商品だ。

生保各社はこれまで税制上の抜け穴を探し、企業経営者向けに節税保険を開発しては潰される、という攻防戦を繰り返してきた。

法人向け「節税保険」の主な経緯

2006年【長期傷害】保険期間の当初7割相当部分は4分の1損金に（既契約遡及）

2008年【逓増定期】全額損金算入は返戻率50％以下に

2012年【がん】終身保障型の保険期間の当初5割相当部分は2分の1損金に

2013年【医療】無解約返戻金型は短期払いでも全額損金算入可能

2019年【定期】個別通達を廃止し単純返戻率に応じて損金算入割合を設定

2019年【医療】全額損金算入は30万円までとし、短期払いによる節税を規制

2021年【逓増定期】法人から個人への名義変更による節税、資産移転を規制

そうした中で、金融庁が募集活動への「取り締まり」を強めるという一歩踏み込んだ対応を明言したのは、一部の生保がいつまで経っても逸脱行為をやめようとしなかったからだ。

節税保険をめぐっては2年前、一大ブームとなっていた法人定期保険による節税術

を封じた際、国税庁・金融庁双方が生保各社に「いたちごっこは終わりにしたい」と強烈にクギを刺したという経緯がある。

その際に国税庁は、保険商品群ごとに出していた個別の法人税通達を廃止し、統一的な（資産計上）ルールを設けることによって、抜け穴を根こそぎ封じようとした。

ところが、大手や外資系など一部の生保はそれでも懲りなかった。「低解約の逓増はまだ生き残っている」などと言いながら、逸脱行為を続けたのだ。

ここでいう逓増とは、低解約返戻金型の逓増定期保険のことを指す。保険期間の当初数年間は解約返戻金が少ないタイプの商品で、その間に契約を法人から経営者や役員などの個人に売却する、というのが節税スキームのよくある「手口」だ。

法人は支払った保険料と共に、個人に名義を移し売却した際の売却損を損金算入できる一方で、契約を受け取った個人のほうは、解約返戻金を一時所得として扱い、課税対象額を半分にまで圧縮できるというメリットがある。

2015年に大手生保が同タイプの商品を発売したことで認知度が高まり、中小企業オーナーをはじめとした富裕層の支持を集めた。その後、法人定期保険の大流行でいったん下火になったものの、19年に「復活」したというのが一連の流れだ。

生保業界に激震が走ったのは21年4月、逓増定期の節税スキームについて、19年7月以降に結ばれた過去の契約についても、実質的にさかのぼって規制するという方針を国税庁が示したときだ。節税保険が「既契約遡及」となるのは、06年の長期傷害保険以来実に15年ぶりのことだった。

通達改正に伴う意見公募では、実質的な既契約遡及について反対意見が相次いだが、国税庁は「課税上の問題点などについて、19年7月の法人税基本通達の改正時の説明会などにおいて、保険会社などに注意喚起を行っている」と一蹴している。

国税庁にしてみれば、「19年7月時点でいたちごっこは終わりにしたいと言いましたよね」ということだ。

金融庁幹部も遡及によって「期待していた税務上の効果が得られないまま保険料を負担することになってしまい、保険契約者保護という面で生じた問題は大きい」とし、行儀の悪い一部生保の「責任は重い」とみている。

では、節税保険は税制上、完全に駆逐されたのかといえば、そうではない。介護保険をはじめ、節税につなげられる商品はいまだに残っているのが実情だ。

しかしながら、国税庁や金融庁の今回の対応を見てもわかるとおり、今後の規制をにらんで駆け込み契約をしたところで、遡及されてしまえば元も子もない。生保商品を利用した安易な節税には改めて慎重になるべきだろう。

外貨建て保険にもメス

金融庁は現在、節税保険に加えて外貨建て保険の適正化にも力を注いでいる。

外貨建て保険をめぐってはここ数年、富裕層や高齢者を主なターゲットに「相続対策」などと銘打って販売競争が過熱。法定相続人の人数×500万円が非課税枠になるため、保険料1000万円前後の契約が飛ぶように売れていたわけだ。

一方で、代理店として販売の主役となっている銀行と契約者の双方が、外貨建て保険の商品設計をよく理解しないままに売り買いすることで、トラブルが多発する状況に陥っている。

19年度には、銀行などの代理店経由で販売された外貨建て保険に対する苦情件数が2800件超に上り、14年度と比べて3倍以上にも膨らんでいる。

そうした状況下で、手数料をはじめとして顧客本位とは懸け離れた外貨建て保険の商品設計が今、改めて問題になっている。

中でも金融庁が問題視し、21年夏からメスを入れ出したのは、契約者から見えにくく外貨建て保険の「暗部」とされてきた、「タイムラグマージン」と呼ばれる保険解約時の過大な手数料だ。

この手数料は、運用資産の金利変動を反映させる（市場価格調整＝MVA）タイプの、一時払い外貨建て保険などに組み込まれている。生保にとっては運用損を回避する合理的な手数料だが、契約者にとっては損な仕組みでしかない。

タイムラグマージンの水準自体も問題だ。生保各社とも0・3％程度に設定しているが、世界的な低金利環境が続く中で、「契約者にとっては依然として過大だ」（金融庁幹部）という。

21年秋以降、生保各社は手数料率を0・1％以下に下げる形で、既存商品を含めて外貨建て保険の変更認可の申請を始めている。

さらに、金融庁は早ければ21年末から、タイムラグマージンを反映させる形で販売した外貨建て保険の実質的な「損益比率」を、銀行などに開示させる方針だ。

これが実施されれば、顧客が損失を抱える契約を、どの銀行が、どの程度結ばせているのかが一目瞭然になるため、銀行選びの1つの材料になりそうだ。

（中村正毅）

重い税負担の一方で抜け穴も

富裕層の暗号資産節税術

「換金していないのに、何で税金がかかるんですか。おかしいじゃないか!」

ビットコインをはじめ、暗号資産（仮想通貨）の価格が急騰した2021年以降、税務調査に訪れた税務署の職員に対し、こんなふうに「怒鳴りつける人が目に見えて増えており、対応に苦慮している」と国税庁のある幹部は話す。

暗号資産が税制上どのような扱いをされているのか理解もせず、このところの値上がりに引かれて飛びつく人が多いからだ。

暗号資産を個人で取引するうえでまず押さえておきたいのは、税金が発生するポイントだ。具体的には、①暗号資産を売却した場合、②暗号資産で商品を購入した場合、③暗号資産同士の交換をした場合の3つだ。

暗号資産取引に詳しいある税理士は、とくに③の暗号資産同士の交換をしたケースで「課税されないと勘違いしている人が圧倒的に多い」と話す。

そもそも、暗号資産は株式や債券、外国為替証拠金取引（ＦＸ）と違って、資産運用には基本的に不向きだ。

なぜなら株式などで得た利益は、給与収入から切り離し、約２０％の税率が適用される「申告分離課税」なのに対して、暗号資産は給与収入などと合算する「総合課税」方式になっているからだ。そのため、所得税と住民税の税率がそのまま適用され、最高で５５％もの税金を支払う必要があるのだ。

ビットコインの急騰によって、いわゆる「億り人」が大量に発生しているが、その多くが利益の半分以上を税金として持っていかれる憂き目に遭っているわけだ。

さらにいえば、株式はほかの金融商品などで損失が出た場合に損益通算できるほか、年間で損失となった場合、翌年以降に繰り越すこともできる。だが、暗号資産はそのどちらも不可能だ。

そうした税制上のルールも知らずに、値上がり益だけを狙って資金を突っ込むというのは、お世辞にも賢明とはいえないだろう。

著しく不利な暗号資産をめぐる税制

【課税方法】　総合課税（最高税率55％）

【課税対象】

・暗号資産の売却
・暗号資産による商品購入（譲渡原価との差額分）
・暗号資産同士の交換

【利益】　雑所得

【損失】

・損益通算不可
・繰り越し控除不可

【マイニングによる暗号資産の取得】　取得した時点の時価を所得に算入。マイニング

費用は経費算入が可能

暗号資産長者は海外移住

では、富裕層は暗号資産や得た利益について、どのように対応しているのだろうか。

税理士法人のある幹部は声を潜めながら「資産として把握されないよう、海外口座を使って暗号資産を保有しているケースがある」と明かす。

国税庁は海外に5000万円を超える資産がある場合、その詳細を報告するよう義務づけているが、海外口座にある暗号資産は報告の対象外だ。

さらに、税務当局が海外口座の情報を共通報告基準（CRS）によって交換する制度においても、暗号資産は対象外。そのため、税務当局に把握されにくい。

ちなみに、CRSの旗振り役になっている経済協力開発機構（OECD）は21年春以降、暗号資産についても情報交換の対象にできないか検討を進めている。

ただ正式決定されたとしても、参加している各国で法改正などの手続きが必要になってくるため、実際の情報交換はかなり先になる見通しだ。

それでも用心深い一部の富裕層は、「直近1年間など過去にさかのぼって暗号資産の口座情報を交換され、資産を把握されてしまうかもしれない」（ある富裕層）と心配し、今のうちからCRSの枠組みに参加していない国の口座に移しているというわけだ。

こうした行為は「資産隠し」に近く、将来、税務当局から資産として認定され申告漏れなどを指摘される可能性もある。しかし、「法規制が整うまでの間、やれることをやる」（同）というのが富裕層の考えなのだ。


他方、暗号資産で億円単位の利益を得た富裕層の間で静かなブームになっているのが、海外移住だ。

今さらと思うかもしれないが、それにはもちろん理由がある。暗号資産は、国外転出時課税（出国税）の対象外なのだ。

そもそも国は、多額の金融資産を持つ富裕層が海外移住によって課税逃れをする事例が相次いだことを受けて、国外転出の際に株式などの含み益に対して所得税を課す制度を、15年に導入している。

以降、節税上のうまみが減ったこともあり、海外移住ブームは下火となっていった。だが、対象外の暗号資産で儲けた〝暗号資産長者〟たちの間でブームが再来しているのだ。

暗号資産をめぐっては、こうした税制上の抜け穴や取り扱いについて未整備な部分が、山ほど残されている。

【国外転出時課税】課税なし
【国外財産調書】記載なし
【財産債務調書】財産の総額が3億円未満の場合は提出不要

とくに相続税関連がそうだ。例えば相続時の暗号資産の資産評価について、国税庁は財産評価基本通達で細かく定めておらず、この通達に準じて「課税時期における取引価格で評価する」としか示していない。

つまり、「被相続人が亡くなった日の取引価格でひとまず評価しろ」ということなのだが、知ってのとおり暗号資産は24時間365日取引されている。

ビットコインの最近の値動きを前日比で見ると1日で10%下落する日もある。となれば1日の間でも激しく値動きしているといえるが、亡くなった日のいつ時点の価格で評価すればいいのか、明確な規定がないのだ。

税務当局からすれば、各交換業者が便宜的に算出している1日の「終値」で評価するのが適当、ということなのかもしれない。

だが現時点では明確な基準がないため、1日のうちの最安値で評価して相続税を申告しても、税務当局として文句は言えないということだ。

今まさにバブル状態にある、NFT（非代替性トークン）アートについても同様だ。国税庁は、「絵画や骨董品の評価に準じる」とし、場合によっては精通者（専門家）意見価格を基に評価するという。

だが、単なるデジタル画像に数億円の値がつく異常な状態で、正当な価格を見積もれる専門家はいないに等しく、相続人が著しく低い評価で申告してきても、税務署は反論しにくい。
次々に登場するデジタル上の新たな技術と商品に対し、どう向き合っていくのか。税務当局も試されているといえる。

（中村正毅）

富裕層も被害に

暗号資産トラブルが多発中

2021年は、ビットコインをはじめとする暗号資産(仮想通貨)への投資が過熱した年だった。もちろん、目端が利く富裕層は積極的に投資し、ポートフォリオに組み込んでいる。

だが、光が強ければそのぶん影も濃くなるもので、富裕層を巻き込んだ投資トラブルが全国で多発している。

ある新興の暗号資産をめぐる騒動もその1つ。その暗号資産とは、電機メーカーの元社長を発行体の代表取締役に据え、米国や日本の取引所で販売されている「J」だ。

被害に遭ったと訴えるのは、九州に住む50代の男性。500万円をICO(イニシャル・コイン・オファリング、新規暗号資産公開)に投じたが、3年以上が経過しても暗号資産が1枚も手元に届いていないという。

にもかかわらずJは海外の取引所に上場、21年2月には400円以上の価格をつけた。

このJは、東京都港区に本社を置くJ社が発行体となっているが、実際に販売しているのは総勢70社ほどの代理店だ。

「代理店ではらちが明かず、J社に文句を言ったがダメだった。投機熱に浮かされて、とんでもないものに手を出してしまった」と男性はうなだれる。

市場外で不法行為か

市場で流通しているのに、初期投資家には暗号資産が配付されない――。不可解な事態だが、匿名を条件に取材に応じた投資家である富裕層のX氏は、さらなるトラブルについてこう証言する。

「21年の5月か6月、Jが80円だった頃、1枚10円で買えるという話が回ってきた。取引相手はJ社とも親しい関係にあるとされる『B』という会社。私はJ社のビルの下まで現金を持っていき、1枚10円で数千万円分を購入。その日のうちにウォレットに送ってもらった」

さらにX氏はこうも語る。「契約書に『いつまでは売ってはならない』という旨の条項が入っており、その代わり市場より安く販売しますよという話だった」。

ただ、実際にはすぐに売り飛ばす人も多数いたもようで、Jはあっという間に1円台にまで暴落してしまう。

X氏と前出の50代男性の話を総合すると、ICO投資も、10円での相対取引も、持ちかけたのはB社ないしそれに連なる会社。会社の登記簿謄本を調べたところ、J社とB社は同じ住所に登記されており、その関係性は奇妙に映る。

これについてJ社は「B社は、当社の種類株主。当社はB社との間で事業資金の提供において取引関係がある」としつつ、B社をめぐるトラブルについては「承知していない」と回答してきた。

だがJ社について、複数のブロックチェーン業界関係者からは次のような評判が聞かれる。

「開発陣がテスト環境をそろえるための設備に巨額の資金を投じたので、ＩＣＯで集めた資金がなくなり、プロジェクトが頓挫しかけたと聞く。１０円での市場外取引が事実なら、運転資金の捻出が目的だったのでは。Ｊ社は別プロジェクトのファウンダーに救済を求め、相当枚数を売ったといわれる」

事の経緯を確認すべく、４回にわたってＪ社に問い合わせたところ、担当者名を明かすことなく「当社もしくは当社の関係会社などにおいてＩＣＯ・暗号資産の販売を行っておりません。当社の名をかたって暗号資産を違法に販売する行為があれば、当社としても然るべき対応を取ってまいります」と繰り返すばかり。またＢ社にも複数回取材を打診したが、返答は得られなかった。

金融事件などに詳しい、タイラカ総合法律事務所の平山剛弁護士は「無登録でこうした行為をした場合は、金融商品取引法、出資法、改正資金決済法に触れるおそれがある」と指摘する。

元区長が投資トラブル

無登録営業の疑いがある業者が、出資者とトラブルになる事例は、関西でも起きている。

「月利6～10％の採掘利益が毎週『あなたの個人ウォレット』に届く！」。こんなうたい文句で、投資家からビットコインで資金を集めたものの、21年以降配当の停止や遅延を繰り返し、数百人規模の被害者の会が結成されているのは、「ＥＶＩＳＵ」というサービスだ。

採掘利益とは、ビットコインのいわゆるマイニングによる報酬のこと。今や世界中の企業が数十億円規模の費用をかけて、演算処理に必要な専用機器を大量に稼働させるなど、〝採掘合戦〟が熱を帯びている。

そうした世界で、専用機器をＥＶＩＳＵに提供し「技術力、実績ナンバーワン」と豪語しているのが、大阪市東成区に事務所を置くフィルコマンドだ。代表の水谷翔太氏は、ＮＨＫの元記者。12年には、大阪市長時代の橋下徹氏が市内24区の区長を公募した際、当時最年少の27歳で天王寺区長に就いたという経歴を持つ。

ＥＶＩＳＵのウェブサイトでも、顔写真付きでその経歴を前面に出しアピールしているが、利用規約にはフィルコマンドはあくまでＥＶＩＳＵの提携先であり、運営元はベトナムの「ライズエステイト」という会社だと書かれている。

その利用規約はかなりずさんだ。「毎月の利益は購入金額の6～8％程度に上ることが名言できる」と運用利回りをわざわざ示すのも普通ではないし、「明言」を「名言」と誤っている。こうした誤字は、規約の中に散見される。

また、「ＥＶＩＳＵは投資組合や投資信託などの金融商品の購入ではなく、マイニングマシンをユーザーが購入し、その運用をＥＶＩＳＵに委託するという事業である」としている。

あくまで機器の購入であり、金融取引ではないと言いたいのだろうが、このサービスは「集団投資スキーム」と見なされる可能性が極めて高い。であれば、ライズエステイトは日本で第二種金融商品取引業の登録が必要だが、登録業者一覧にその名前はない。

水谷氏自身もたびたびセミナーを開き、実質的な投資勧誘行為をしている。そのため、同様に取引業の登録が必要なはずだが、フィルコマンドの名称は一覧のどこにも見当たらない。

配当遅延をめぐっては、ＥＶＩＳＵの顧客が参加するメッセージアプリ上で、なぜか水谷氏がフィルコマンド名で経緯説明や謝罪をしている。規約で、機器を提供している単なる「提携先」と言っているにもかかわらずだ。

水谷氏に、こうした経緯などについて質問状を送ったが、締め切りまでに回答はなかった。知人によると「会社をほとんど留守にして、目下逃げ回っている」という。

いつの時代も、甘い投資話の裏側には深い闇が広がっていることを、改めて認識しておきたい。

（ライター・根本直樹、中村正毅）

焦る富裕層　相続・贈与一体化の行方

「節税するには、2022年がラストチャンス。それまでに保険の契約をしましょう」

こんな営業トークを繰り広げるのは、ある保険会社の営業マンだ。勧めているのは、節税効果がある生命保険。生前贈与を活用して相続税を抑えることができるため、富裕層の間では人気が高かった。

なぜラストチャンスになるのか。それは、生前贈与という節税手法が今後使えなくなる可能性が高まっているからだ。

現在の日本では、親世代から子や孫の世代に財産を渡す際にかかる税金が2つある。親世代が死んだとき取得した財産に課される「相続税」と、生きている間に贈与により取得した財産に課される「贈与税」だ。

贈与税の課税方式には「相続時精算課税」と「暦年課税」があるが、富裕層は暦年課税の仕組みを上手に用いて節税を行ってきた。暦年課税では、贈与する相手1人につき、年間110万円までは非課税で贈与ができる。そのため、毎年110万円ずつコツコツ贈与し、相続税の対象となる財産を減らしていくのが常套手段だったのだ。

冒頭で紹介した生命保険も、こうした贈与の手法を用いて相続税を抑えるという狙いがあった。親を被保険者とした保険を子どもの名義で契約すれば、受け取る保険金は相続財産ではなく所得として扱われるため税率が低くなる。保険料は子どもが支払うことになるが、その資金を親が贈与することで、より大きな金額を子どもに渡せることになる。

死亡時に一度に行われてしまう相続とは異なり、タイミングを選べるのも贈与の利点だった。例えば、株価が下がったときを狙って株を贈与すれば、相続より相対的にお得に財産を渡すことができるのだ。

しかし、こうした節税策にメスが入ろうとしている。

2021年12月10日に発表された22年度の税制改正大綱には、「相続税と贈与税をより一体的に捉えて課税する観点から、(中略)資産移転時期の選択に中立的な税制の構築に向けて、本格的な検討を進める」と記されている。要するに、贈与税を相続税と一体化することで、贈与を使った節税策を封じていくというわけだ。

実は、相続税・贈与税一体化の方向性は21年度の税制改正大綱でも示されていた。幸いなことに22年度での導入は見送られたものの、「現行の相続時精算課税制度と暦年課税制度のあり方を見直す」という方向性は変わっていない。こうした流れを受けて、富裕層たちは大慌てだ。税理士の元には「いつまでに贈与すれば間に合うのか」「今から駆け込みで生前贈与をするにはどうしたらいいのか」という相談が相次いでいるという。

では、相続税と贈与税の一体化は、どのような形で進められることになるのだろうか。次図は、今後、一体化に向けて考えられるパターンを示したものだ。政府は、最終的に贈与税を完全になくし、相続税のみにしたいとみられる。この場合、富裕層には大打撃だ。生前に渡した財産がすべて相続財産と見なされ、贈与による節税ができなくなってしまうからだ。

生前贈与は使えなくなる可能性大 —相続税・贈与税一体化の方向性—

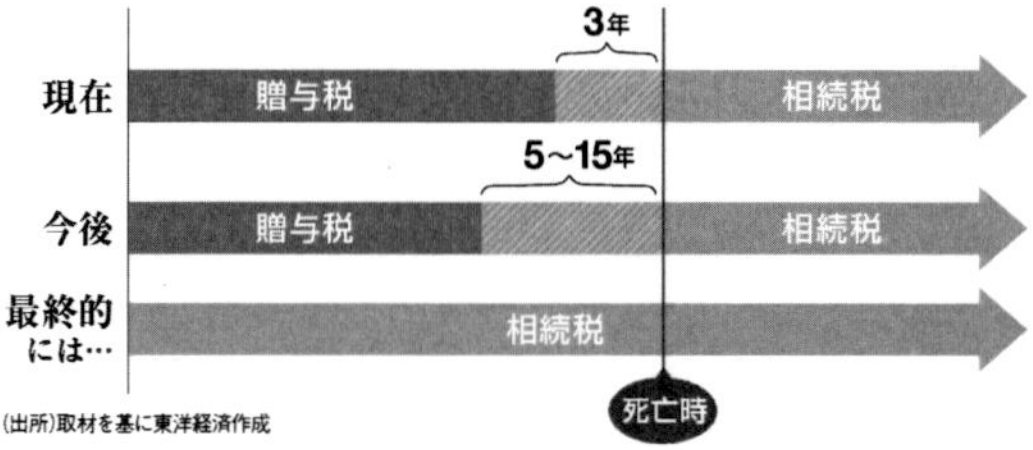

(出所)取材を基に東洋経済作成

だが、これは実現のハードルが高い。富裕層の税務に強いある税理士は、「国税当局や金融機関の資料の保存期間は約10年。それ以前のものまでチェックするのは現状では難しい」と言う。贈与税を相続税に完全に一体化するには、贈与に関する資料の保存期間を延ばし、蓄積していかなければいけないというハードルがある。

そこで最も現実的なのが、「相続税の対象となる贈与の期間を延ばすこと」(前出の税理士)。現状は、死亡までの3年以内に贈与した財産が相続税の課税対象となっているが、この期間を5年、10年と少しずつ延ばしていくのだ。

贈与税と相続税が統合されている欧米諸国を見てみると、米国では生涯の贈与すべてが相続と一体的に課税されている。ドイツでは死亡前10年、フランスでは死亡前15年の贈与が相続と一体的に課税されている。税制改正大綱でも「諸外国の制度も参考にしつつ」としていることから、まずは死亡前10〜15年の贈与を対象としていくのが現実的だといえそうだ。

となると生前贈与はしばらくの間残ることになるが、これまでより早い段階で贈与を始め、相続財産を減らさなければならないのは間違いない。相続税と比べて節税になるのであれば、多少の贈与税を払ってでも生前贈与をしてしまうことも検討すべきだろう。

優遇措置も見直しへ

贈与税と相続税の一体化に伴って、贈与税に関する現状の優遇措置もなくなる可能性がある。現在、贈与税には110万円のほかに3つの非課税措置がある。「教育資金」「結婚・子育て資金」そして「住宅取得等資金」の一括贈与だ。それぞれの措置には期限が設けられており、23年末にはすべてが終了する。もちろん延長の可能性もあるが、そうなっても今より非課税枠が縮小されてしまうかもしれない。

最たる例が、住宅取得等資金の贈与だ。この非課税措置は21年12月で終了する予定だったが、今回の税制改正で23年12月まで延長されることになった。ところが金額は大きく縮小。これまで最大1500万円だった非課税枠が、最大1000万円になってしまったのだ。

非課税措置が順次終了—贈与税の非課税枠一覧—

	教育資金の一括贈与	結婚・子育て資金の一括贈与	住宅取得等資金の贈与
受贈者の要件	0〜29歳	20〜49歳	20歳以上、年間所得2000万円以下
1人当たり非課税枠	1500万円	1000万円	最大1500万円 └最大1000万円 (22年1月以降)
期限	2023年3月末まで	23年3月末まで	21年12月末まで └23年12月末までに延長

(出所)国税庁の資料を基に東洋経済作成

税制改正大綱では、これらの制度を「何ら税負担を求めない制度となっている」と批判。「不断の見直しを行っていく必要がある」としている。

このように、相続や贈与に関しても、富裕層に対する徴税強化は確実に進んできている。「まだ死ぬのは先だから」「まだ子どもが若いから」と言って先送りにするのではなく、今すぐに検討を始めるのが得策だ。そこで次章からは、お得に財産を引き継がせるためのノウハウを紹介する。

（藤原宏成）

生前贈与シミュレーション

相続税と贈与税が一体化されようとしている中、相続対策を進めたい富裕層は何をすればいいのか。取り組むべきは「駆け込み贈与」だ。

当然のことながら、相続税と贈与税では税率が異なる。2つの税率を比較し、相続税よりも低い税率で資産を贈与しておけば、将来払う相続税を少なくすることができて節税になる。

相続税と贈与税の税率表

相続税			贈与税					
			受贈者が20才以上の子か孫の場合			左以外の場合		
課税価格の合計額 — 基礎控除額	税率	控除額	贈与財産価額 — 基礎控除額	税率	控除額	贈与財産価額 — 基礎控除額	税率	控除額
1000万円以下	10%	–	200万円以下	10%	–	200万円以下	10%	–
3000万円以下	15%	50万円	400万円以下	15%	10万円	300万円以下	15%	10万円
5000万円以下	20%	200万円	600万円以下	20%	30万円	400万円以下	20%	25万円
1億円以下	30%	700万円	1000万円以下	30%	90万円	600万円以下	30%	65万円
2億円以下	40%	1700万円	1500万円以下	40%	190万円	1000万円以下	40%	125万円
3億円以下	45%	2700万円	3000万円以下	45%	265万円	1500万円以下	45%	175万円
6億円以下	50%	4200万円	4500万円以下	50%	415万円	3000万円以下	50%	250万円
6億円超	55%	7200万円	4500万円超	55%	640万円	3000万円超	55%	400万円

(注)相続税の基礎控除額は3000万円＋(600万円×法定相続人の人数)、贈与税の基礎控除額は110万円　(出所)国税庁の資料を基に東洋経済作成

従来は、贈与税が非課税となる年間110万円の範囲内で、時間をかけて贈与することがセオリーだった。しかし、相続・贈与税は早ければ2023年度にも一体化されてしまうため、今からではもう時間をかけることができない。となれば、贈与による節税が確実に行える22年のうちに、駆け込みでまとまった金額を贈与しておく必要があるのだ。

具体例を次に示す。資産2億円で子どもが2人いる人について、相続のみが行われた場合と、事前に贈与をした場合とで税負担を比較したものだ。

1100万円の贈与で246万円節税 ―贈与を活用した場合の税負担比較―

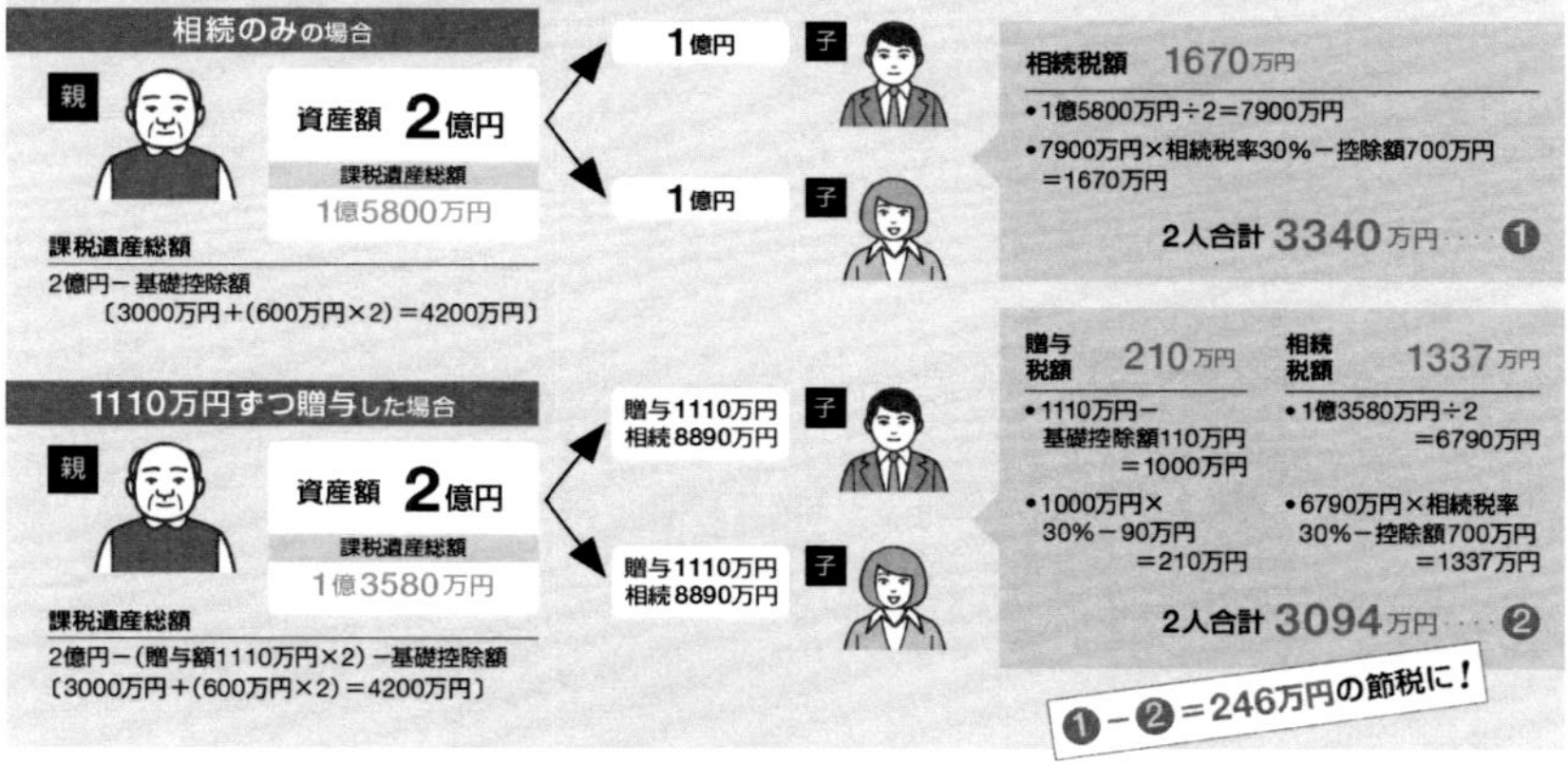
相続のみの場合
親
資産額 2億円
課税遺産総額
1億5800万円
課税遺産総額
2億円－基礎控除額
〔3000万円＋(600万円×2)＝4200万円〕
1億円
1億円
子
子
相続税額 1670万円
•1億5800万円÷2＝7900万円
•7900万円×相続税率30%－控除額700万円
＝1670万円
2人合計 3340万円…❶
1110万円ずつ贈与した場合
親
資産額 2億円
課税遺産総額
1億3580万円
課税遺産総額
2億円－(贈与額1110万円×2)－基礎控除額
〔3000万円＋(600万円×2)＝4200万円〕
贈与1110万円
相続8890万円
贈与1110万円
相続8890万円
子
子
贈与税額 210万円
•1110万円－
基礎控除額110万円
＝1000万円
•1000万円×
30%－90万円
＝210万円
相続税額 1337万円
•1億3580万円÷2
＝6790万円
•6790万円×相続税率
30%－控除額700万円
＝1337万円
2人合計 3094万円…❷
❶－❷＝246万円の節税に！

1人当たり1110万円を贈与した場合、その分の贈与税210万円は支払わなければならないが、相続される金額が8890万円に下がることから、家族全体で見れば246万円の節税効果が得られることがわかる。

ここで注意したいのが、贈与する金額によっては贈与税の負担が大きくなり、節税効果が小さくなってしまうことだ。

次表は、相続人となる子どもが1人の場合と2人の場合で、資産額と贈与金額ごとに、いくら節税できるかを試算したものだ。子どもが2人の場合の表は、贈与金額の欄にある金額を両方に等しく贈与するとし、それによって家族全体でいくら節税できるかを示している。

最も効果が大きい

贈与金額を見定めよう ―贈与による節税効果の試算表―

子ども1人の場合

贈与金額	資産額			
	1億円	2億円	3億円	5億円
110万円	33万円	44万円	49.5万円	55万円
310万円	73万円	104万円	119.5万円	135万円
510万円	103万円	154万円	179.5万円	205万円
710万円	**123万円**	194万円	229.5万円	265万円
1110万円	123万円	**234万円**	289.5万円	345万円
1610万円	52万円	234万円	**314.5万円**	395万円
3110万円		159万円	314.5万円	**470万円**
4610万円		9万円	239.5万円	470万円

子ども2人の場合

贈与金額	資産額			
	1億円	2億円	3億円	5億円
110万円	33万円	66万円	88万円	99万円
310万円	**53万円**	146万円	208万円	239万円
510万円	53万円	206万円	308万円	359万円
710万円	33万円	**246万円**	388万円	459万円
1110万円		246万円	**468万円**	579万円
1610万円		146万円	468万円	**629万円**
3110万円			276万円	608万円
4610万円				308万円

（出所）取材を基に東洋経済作成

赤い部分が、最も大きな節税効果となる金額だ。例えば、相続人となる子どもが1人、資産が1億円の場合は、710万円を贈与すると123万円節税でき、効果が最大になる。

子どもが2人で資産が3億円の場合は、それぞれに1110万円ずつ贈与すると、468万円の節税となり、最大の効果が得られる。

もちろん、資産額や子どもの人数は、この表の前提に当てはまらない人が多いだろう。そうした人たちは右ページの計算方法や税率表を参考に、最も節税できる贈与額を計算してみよう。

いずれにしても22年のうちに贈与を済ませるには、今すぐに取りかかる必要がある。

（藤原宏成）

最新！ 相続〝マル秘〟テクニック

「相続対策はほぼ完璧。老後の心配事が1つ減った感じです」。ある中小企業の社長は自慢げに語る。

現在65歳のこの社長が相続対策を始めたのは10年ほど前だった。リーマンショックの影響を受け、会社の業績が悪化。「経営的には苦しい局面だったが、相続対策には絶好のタイミングだった」（前出の社長）と振り返る。

というのも、この社長が保有する資産の大半が自社株だったからだ。業績が悪くなれば、その分自社株の評価は下がり、子どもが受け取る際の税金も少なくなる。

この機を逃すまいと親族を集めて家族会議を開き、持っていた株を息子に贈与。これにより、手元に残ったのは、「死ぬまでに使い切れる現金だけ」（同）となった。

同時に、社長の両親が保有していた株も息子に贈与し、2世代にわたる相続を済ませてしまったというわけだ。

この中小企業社長のように、相続がやってくる前から対策を講じることで、将来の税に関する悩みは減らすことができる。今後は相続・贈与税が一体化される見通しとなれば、2022年のうちに節税対策を講じておくべきだろう。

相続対策の基本とは

では、具体的にどんな対策を検討すればいいのか。相続税対策は大きく分けて2つ。相続財産を「減らす」ことと、相続財産の「評価を下げる」ことだ。

相続税と贈与税が一体化されると、低い税率で毎年資産を贈与できる暦年贈与が使えなくなる。つまり、財産を「減らす」選択肢が少なくなる。それに対し、「評価を下げる」対策は今後も有効だ。

取るべき対策は、保有している資産の構成や規模によって異なる。そこでここでは、富裕層を代表的な3タイプに分類した。

1つ目のタイプは「親リッチタイプ」。代々続く地主のような人だ。保有資産は親から相続した不動産や、それらを運用して得た現金が中心だ。

2つ目は「中小企業社長タイプ」。冒頭の社長同様、保有資産の大半は自社株だ。資産規模は会社の規模によるところが大きい。

3つ目は「ベンチャー社長タイプ」。起業した会社を上場したり売ったりして、株の一部を譲渡。キャッシュリッチで有価証券の運用にも積極的だ。資産規模は大きく、相続対策の難易度は高い。

ここからは、これら3タイプの人たちが、22年以降取るべき対策について解説していく。

①親リッチタイプ

親リッチタイプの相続のカギは不動産だ。不動産は、財産の「評価を下げる」効果が大きい。具体的な例を見てみよう。次図は現金と不動産の、相続時の評価を比較したものだ。

評価方法の違いを使って節税
―不動産を活用した相続の例―

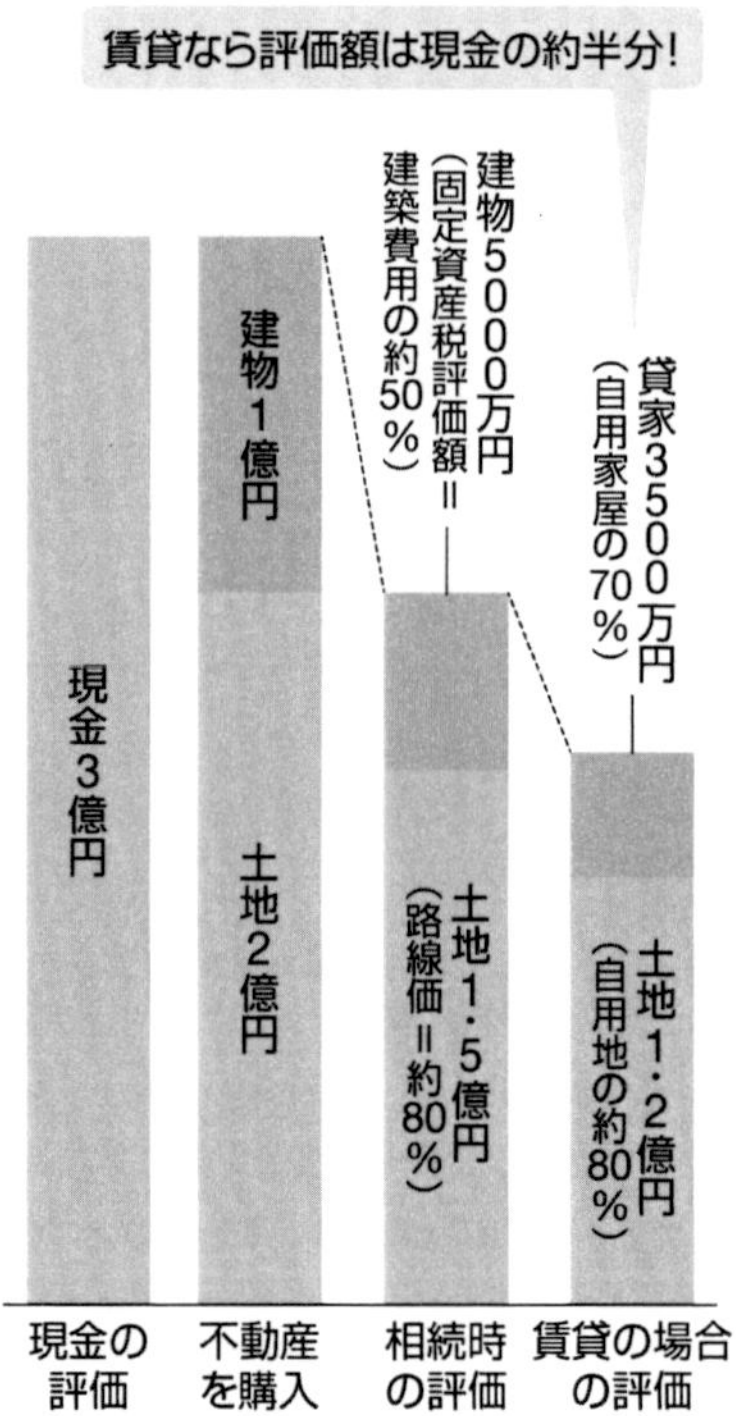

(出所)取材を基に東洋経済作成

現金は相続時に100％で評価される。現金3億円を保有していれば、3億円すべてに相続税がかかってしまう。それに対して不動産は、時価よりも低く評価されるため、現金を不動産に換えておくことで相続財産の評価を下げられるわけだ。

土地は基本、路線価で評価される。路線価はおおむね時価の70～80％となることが多い。一方建物は、固定資産税評価額で評価され、時価の50～70％だ。

これだけでも税負担はかなり軽減されることになるが、賃貸マンションの場合は、さらに評価を引き下げることができる。賃貸用の土地は自用地の約80％、建物は自用家屋の70％で評価される。これを活用すれば、最大で半分程度まで相続財産の評価を下げることができるのだ。

つまり、親リッチタイプの富裕層は残っている現金をできるだけ不動産に換えておくのが得策だ。すでに持っている不動産を賃貸マンションにすれば、さらにお得に相続できる。

新たに不動産を購入する資金が不足している場合に使えるのが、不動産の小口化商品だ。これは、自分だけでは購入が難しい都心などの物件を小口化して販売する商品。

一口100万~1000万円程度で購入できる。

この商品は、不動産を共同で所有しているという形になるため、直接所有している場合と同様に評価を引き下げることができる。

これは、相続・贈与税が一体化された後も効果的だ。公認会計士の岸田康雄氏は、「財産を減らす手法が少なくなる中、資産規模が小さくても相続税を下げられる唯一の選択肢」と評価する。

もちろん、不動産には価格下落のリスクが伴う。節税を意識するあまり、採算の悪い不動産投資をすれば、かえって損が出る可能性もあるので注意が必要だ。

② 中小企業社長タイプ

中小企業社長タイプは、相続税と贈与税が一体化される前に行動を起こすことがポイントだ。

このタイプが相続するのは自社の株式。そこで問題となるのが、自社株の株価だ。自身が亡くなったときに開始される相続では、株価の水準を選ぶことができない。業績が絶好調のときの相続では、相応に株価が高くなってしまう。

それに対し、冒頭で紹介した中小企業の社長のように、ある程度業績の悪いタイミングを選んで贈与すれば、株価は低く税金を抑えられる。このタイミングを選ぶためには、贈与を組み合わせるのが常道だ。

相続・贈与税の一体化がどのような形で行われるかは現時点では不透明。自由度の低い相続時精算課税のみになる可能性もある。最速で23年度に一体化されるとすれば、自由度の高い贈与ができるのは22年度が「ラストチャンス」だ。

将来の業績を予想し、今より株価が高くなりそうなら、贈与を検討すべきだ。コロナ禍の影響が残る今、このタイプに当てはまる人は多いのではないだろうか。

株価をさらに下げるテクニックもある。贈与のタイミングに合わせて、あえて損を出すのだ。

非上場企業の株価を決める方法はいくつかあるが、とくに「類似業種比準価額」を使う企業の場合には、こうした策が用いられる。マーケットで株価がついている類似業種の上場企業と比較して、どれだけ利益を上げているかを計算する方法で、次図の式で求められる。

利益や資産を圧縮して株価を下げる

— 類似業種比準価額の計算式 —

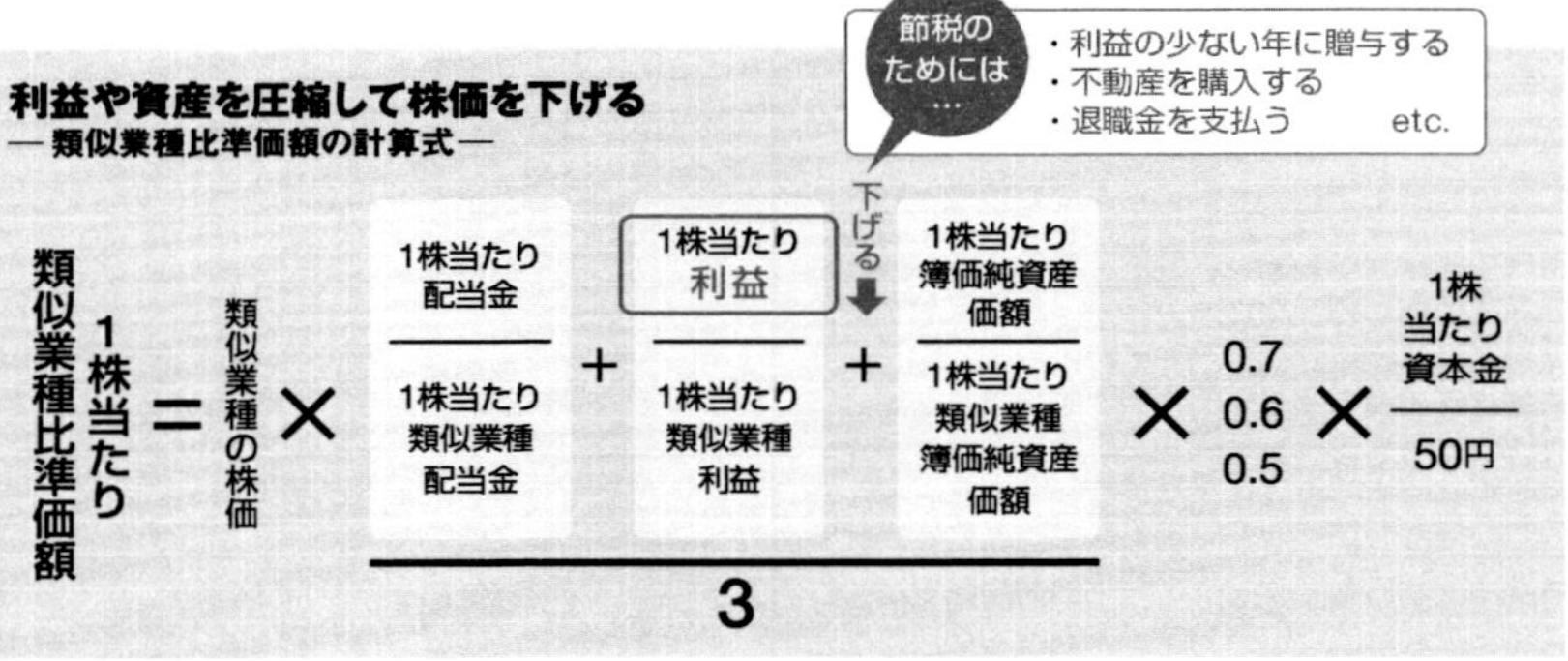

(出所)取材を基に東洋経済作成

損を出すことによって、この式の「1株当たり利益」を引き下げることができる。例えば、役員に対して退職金などを支払えば金額も大きく効果的だ。ほかにも、含み損がある不動産や有価証券を売却したり、航空機や船舶で減価償却費を増やしたりする方法もある。これらを組み合わせて、株価を引き下げるのだ。

将来の業績が読めない場合や、子どもの納税資金が不足している場合には「事業承継税制の特例措置」を使う選択肢もある。

事業承継税制とは、後継者が株式を相続や贈与で引き継いだ際に、本来支払うべき相続税や贈与税の納税が猶予される制度だ。引き継いだ後継者が亡くなったり、その次の世代に贈与したりすれば、猶予されていた税金は免除される。つまり、相続税も贈与税もタダになるのだ。

この制度は2027年末までの相続や贈与に適用できる。ただ、適用には計画の提出が必須で、期限は24年3月末まで。いずれの対策をとるにせよ、方針は早めに決めなければならない。

③ ベンチャー社長タイプ

資産規模の大きいベンチャー社長タイプは、まず資産管理会社など法人の設立を検討しよう。現金や不動産を直接相続するよりも、法人の株式のほうが評価を下げやすいからだ。

そうしたうえで、前の2つのタイプが用いるような不動産や株の贈与といった手段を駆使して、財産の評価を下げていこう。

例えば設立した会社で従業員を5人以上雇い、不動産賃貸業を3年以上行えば、事業実態があると見なされ、事業承継税制の特例措置を使ってタダで相続することができるようになる。

これまで紹介してきたテクニックをフルに活用しても、なお相続が難しい場合に用いられている対策が海外移住だ。シンガポールなど相続税のない地域に移住すれば、税金はかからない。

ただし、移住先の税率が適用されるようにするには、相続人である子どもを含めて家族で10年以上その国に住まなければならない。

しかも、その年数が突然延長されてしまうリスクもある。実際、17年の税制改正で海外移住要件が5年から10年に延長された際には、移住を諦め帰国する富裕層が後を絶たなかった。この方法はあくまで最終手段と考えるべきだろう。

富裕層に対する徴税が強化されるにつれ、相続税対策の選択肢も年々少なくなっている。だが、決して諦めずに残されているテクニックを活用すれば、まだまだ節税の余地は残されているといえる。


（藤原宏成）

「伝家の宝刀」を抜く国税

「もう富裕層の税務コンサルティングは、やりたくない」

最近、税理士や税務コンサルタントの間で、こんな会話が頻繁に交わされているという。なぜなら、「われわれが租税回避行為や脱税幇助（ほうじょ）などに問われ、資格を剥奪されかねない事態が起きているからだ」と、税務調査に詳しい税理士は打ち明ける。

富裕層の顧問税理士になれば多額の報酬を受け取ることができるため、税理士としては「優良顧客」だったはず。にもかかわらず富裕層から距離を取り始めたのには、大きな理由がある。それは、「国税当局が〝伝家の宝刀〟を抜き始めた」（税理士）からだ。

彼らが伝家の宝刀と呼ぶのは、「財産評価基本通達 第1章総則6項」、通称「総則

6項」のこと。「通達の定めによって評価することが著しく不適当と認められる財産の価額は、国税庁長官の指示を受けて評価する」というものだ。

相続税法では、相続税の対象となる財産の評価額について、相続時の「時価」により評価するとしている。しかし、未上場株など市場が存在しない財産は、誰が計算しても同じ評価になるようなルールが必要。これを定めたのが財産評価基本通達で、さまざまな財産の評価方法が細かく具体的に定められている。

未上場株の評価方式もこの評価通達に定められているが、評価方法を画一的に適用した場合、評価が実態と懸け離れてしまうケースもある。そこで、例外規定として総則6項が定められているのだ。

だが、これが非常に厄介な規定。評価通達で決まっていなくても、さらに条文上は適法であったとしても、その評価が「著しく不適当」と見なされてしまえば、財産評価額が否認されてしまう。つまり、「どれだけこちらが適法だと主張しても、すべて国税のさじ加減で判断されてしまうということになり、法治国家とは思えない」(別の税理士)規定なのだ。

確かに富裕層は相続税や贈与税を減らすため、さまざまなテクニックを駆使して、保有資産の評価を引き下げている。

そうした租税回避に対抗するため設けられている規定なのだが、「運用次第でどうにでも使える」(同)ため、以前はそこまで使われていなかった。伝家の宝刀といわれるゆえんだ。

ところがここ4~5年、税務当局はそんな宝刀を富裕層に向けて振りかざしている。そのため税理士たちは、「アドバイスしたのは誰だ」とあおりを食うことを怖がり、距離を置こうとしているのだ。

路線価での評価まで否認

事実、2015年にHOYAの元社長が亡くなり、遺族が相続財産の申告をした際にも、この総則6項が適用されたという。

関係者によれば、元社長が亡くなる前にHOYA株を110億円で現物出資して資産管理会社に移管。資産管理会社は、その株をすぐさま子会社に寄付した。

その後、元社長が死亡、親族が未上場の資産管理会社を相続することになった。その際、株式の評価は通達にある「類似業種比準価額方式」で20億円とした。

ところがこれに国税当局が待ったをかける。子会社が保有する巨額のHOYA株を保有する子会社の価値が反映されていないのは「著しく不適当」と判断。再評価のうえ、90億円の申告漏れを指摘したのだ。

前出の税理士は、「株を転々とさせ、しかも株価を引き下げやすい類似業種比準価額方式を使ったことが税逃れと認定されたようだ」と指摘。そのうえで、「ルールに従ってやっていても否認されるのだから、恐ろしい」と語る。

有名企業で見ると、HOYAだけでなく、教育出版社の中央出版や、キーエンスの創業家などで相続が起きた際にも適用された。いずれも贈与や相続で取得した株式の評価額が過少だとしている。

ついには相続時の不動産の評価についても国税当局に否認される案件が出始めている。節税目的で金融機関から融資を受けて購入した不動産について、相続人が路線価に基づいて評価額を算出し申告。これについて国税当局は、不動産鑑定による評価額の2割強にとどまっているとして否認したのだ。

相続人は課税処分の取り消しを求めて訴えたが、東京地方裁判所は「路線価以外の方法で評価することが許される」と主張を退け、二審も敗訴、最高裁で争っている。

金融機関からの融資で不動産を取得、その評価を路線価で行うのは最もポピュラーな手法で違法ではない。だが、多くの富裕層が節税目的でこれを行っていることに国税当局が業を煮やし、ノーを突きつけた形だ。

「事業などに関連していれば認められるが、節税をメインの目的としているものは、ことごとく否認されているようだ」と税務調査に詳しい税理士の八幡谷幸治氏は指摘する。

法でなく秩序を守るため

「法を守るためではなく、秩序を守るためにやっている」

これは、国税当局の姿勢を表現する際によく使われるフレーズだ。まさに、この言葉を体現するかのように、昨今の国税当局は、なりふり構わぬ姿勢で臨んでいるように見える。

国税局出身の別の税理士も、「『裁判で負けてもいいから、節税目的のスキームはとにかく否認しろ。そのうち法律が変わるから』と、現場はハッパをかけられている」と明かし、「ノルマを課せられている現場も必死」と指摘する。

新型コロナウイルスの影響で、税務調査の件数は大幅に減少し、調査は停滞していたかに見える。だがその間も、「富裕層に対する調査だけは行われていた」(税理士)という。

コロナ禍が沈静化すれば、規模が大きく効率的に徴収できる富裕層は格好のターゲット。元マルサで税務調査に詳しい上田二郎税理士は、「税務調査が本格化する秋から冬にかけて、富裕層は嵐に巻き込まれるかも」と指摘する。富裕層にとって、22年は寒い冬になるかもしれない。

(田島靖久)

過熱する富裕層争奪戦

2020年4月、三菱UFJフィナンシャル・グループ（FG）は富裕層を対象に新しい部隊を立ち上げた。その名もファミリーオフィス部隊。莫大な財を成した超富裕層一族が抱えるあらゆるニーズに応えるために設置したものだ。

そもそも三菱UFJは、2018年から傘下の銀行、信託銀行、証券会社が一体となった富裕層向けサービスを展開している。総資産3億円以上の富裕層を対象に、資産運用や資産管理、相続や事業承継といったサービスを提供してきた。いわゆるプライベートバンク（PB）だ。

具体的にはこんな感じだ。ある日、銀行で取引のある総資産3億円余りの上場企業のオーナーから、「後継者がおらず、事業承継について頭を悩ませている」と相談された。

担当者はすぐさま証券と信託の担当者をつなぎ、対策をプランニング。自社株対策は証券が、不動産対策は信託が担い対応を進めた。並行して納税資金の確保や、保有する資産の組み替えなどもアドバイス。無事、後継者に事業承継することができたという。

こうしたサービスの展開を始めてから3年が経過、これまでかなりの案件をこなしノウハウを蓄積してきた。だが、さらに大きな資産を保有する富裕層は、一族が将来にわたって繁栄し続けるためのサービスを求めているなどニーズが別格。そこで三菱ＵＦＪは、１００億円以上の総資産を保有する超富裕層を対象にした専門部隊をつくったというわけだ。

この部隊では、「財団をつくって資産を管理する」といった金融系サービスはもちろんのこと、「ファミリーの理念をつくる」「後継者を育成する」といったことまで提供しており、すでに多数の超富裕層から引き合いが来ているという。こうした超富裕層をターゲットにしたサービスを提供しているのは三菱ＵＦＪだけではない。

例えば三井住友フィナンシャルグループは総資産20億円以上の富裕層を対象に「プライベート・ウェルス戦略部」を立ち上げ、グループのPB担当者を集約。資産運用や事業承継はもちろん、プライベートエクイティー・ファンドなども提供。みずほフィナンシャルグループも世帯総資産30億円以上の顧客を中心に専門のアドバイザーが対応に当たっている。

「社会インフラの役割を担っている銀行にとって顧客の差別はタブーだった。しかしここに来てようやくセグメント化に踏み切り、富裕層サービスを充実させている。ただ、富裕層の気持ちを理解し、かゆいところに手が届くサービスを提供できるかはこれからの課題だ」と金融関係者は指摘する。

百花繚乱のサービス

新型コロナウイルスの新規感染者数が減少し、緊急事態宣言も解除された21年11月。紅葉シーズン真っただ中の京都では、富裕層を対象としたイベントが開かれていた。紅葉狩りを楽しんだ後、夜は一見（いちげん）さんお断りの名門料亭で芸者を呼んで宴会が催されていたのだ。

イベントに参加した30代の富裕層は、「長い間、コロナ禍で外出できなかったこともあって、非常に楽しめた。一見さんお断りの料亭に初めて来られたのもうれしかった」と喜ぶ。

イベントを開催したのは、保有資産などで審査し、限られた富裕層しか入会できない富裕層サービスの会社。コロナ禍でこうしたイベントも鳴りを潜めていたが、秋口から再開し始めているという。

富裕層サービス会社が提供するサービスはさまざまだ。実に多種多様なラインナップがそろっている。中でも、コロナ禍を受け需要が高まっているのが健康関連サービスで、有名大学病院とタッグを組んだ最先端の人間ドックや健康診断、アンチエイジングサービスなどの引き合いが強いという。

「コロナ禍で、死が突然やって来ることを実感した富裕層は多く、日頃から気をつけておこうという意識が高まっている。そして、彼らが最後にたどり着くのが『不老長寿』で、アンチエイジング系は根強い人気だ」と富裕層サービス会社の運営者は語る。

また、「あまりぜいたくをしないという富裕層でも子どもの教育だけは別格で、金に糸目をつけない。コロナ禍で留学などはストップしているが、再開されたときに備えたセミナーには多数の富裕層が集まっている」（運営者）という。

こうした会員制の富裕層サービスには、冒頭で紹介したメガバンクも相次いで参入している。

例えば三菱ＵＦＪは会員制のプログラムとして、留学サポートや人間ドックを行う事業者を紹介。三井住友も専任のコンシェルジュが、親の見守りや介護、買い物や家事代行に至るまであらゆる日常の困り事を聞いて、事業者を紹介している。

〝金のなる木〟である富裕層の多様なニーズをいかにくみ取り、満足させることができるか。さまざまなプレーヤーが、あの手この手でアプローチを続けている。

（田島靖久）

富裕層相手の詐欺が多発

「米国で太陽光発電を手がけている企業の社長になってもらえませんか?」

東証1部上場企業のナンバー2にまで出世した後、引退した都内の男性は数年前、そんな誘いを受けた。誘ってきたのは、米国で太陽光発電を展開している企業の社長。上場を目指しており、豊富なノウハウを持った新たな経営者を探しているという。

男性は当初、怪しい話だと思ったが、上場を目指すほどの企業であること、そして何より太陽光発電の市場が急拡大していたこともあり、「もう一花咲かせてみたい」と誘いを受ける決断をした。

社長に就任してしばらく経った頃、男性は前社長から「上場を視野に入れ、企業規模の拡大を図るべく資本調達をしよう」と持ちかけられる。業績が順調だったこともあり、「チャンスかもしれない」と考えた男性は、自らの人脈を生かして資金を調達。自分自身も、以前勤めていた会社の株を売却したことで得た資産から10億円余りを拠出した。

ところがだ。ある日、会社の財務データを精査していたところ、おかしな数字があることに気づいた。前社長を呼び出して問いただすと、渋々こう答えたという。

「実は簿外に多額の債務を隠している」

詳細は省くが、前社長は調達した資金の大半を横領。それをごまかすため、多額の債務を別会社に移し替えていたというのだ。いわゆる〝飛ばし〟で、その規模は数十億円に上るとの話だった。

しかも、調達した資金の一部についてはある投資ファンドが運用する契約になっていたのだが、このファンドも逃げてしまう。

「後からわかったことだが、前社長は、すでに自転車操業の状態に陥っていた。そこで私を担ぎ出し、新たな金を引っ張ろうという絵を描いたのだ。まんまとだまされてしまった」

結局、前社長は行方をくらまし、会社も倒産してしまう。

「出した金は返ってこないし、出資してもらった人にも迷惑をかけてしまった。なぜ、あんな男を信じてしまったのか。悔やんでも悔やみきれない……」

男性は苦虫をかみ潰したような表情を浮かべながらそう語った。

名誉欲で10億円を寄付

まるで砂糖にアリが群がるように、富裕層には〝怪しいやつら〟が群がり、言葉巧みにだます。

別の富裕層の男性は、知人の紹介といって訪れた男から、「寄付してくださったら、最先端の再生医療を受けることができます」と持ちかけられた。

誰もが知っている有名人も寄付していると説明したうえで、「有名病院がバックについて、一般財団法人を設立します。その財団への寄付をお願いしたい」と言う。そして、最後に「寄付をしてくだされば、財団の理事に推挙されます」と付け加えた。

上場企業で役員まで務め、企業人としては成功した。だが、有名病院の理事になれば、後世に名を残すことができるかもしれない。そう考えた男性は寄付を承諾、約

10億円を振り込んだという。

ところが数カ月経っても、何の音沙汰もなかった。当初は設立に時間がかかっているのかと思っていたが、半年余りが経過した頃、さすがにおかしいと思って男の連絡先に電話してみた。

すると聞こえてきたのは「おかけになった電話番号は現在使われておりません」というアナウンス。男性は顔面蒼白になり、あらゆるつてをたどって男を捜したが、見つけることができなかった。「名誉欲に目がくらんでしまった……」と男性はうなだれる。

会社経営に携わり金融に関する知識があるような人たちでも、功名心や名誉欲をくすぐられてだまされるのだから、知識のない富裕層はなおさらだといえる。

次表は、各地の消費生活センターに寄せられた「情報商材」「ファンド型投資商品」「暗号資産（仮想通貨）」「未公開株」「怪しい社債」に関する相談件数の推移をまとめたもの。センターでは相談者の資産規模などを聞かないためすべてが富裕層とはいえないが、一定程度の資産を持った人が狙われるテーマをピックアップした。

暗号資産に関する相談が増えている
―主な相談の件数推移―

年度	情報商材	ファンド型投資商品	暗号資産	未公開株	怪しい社債
2015	1,754	6,966	441	677	1,220
16	2,967	5,226	847	499	735
17	6,642	6,837	2,910	305	381
18	8,692	10,343	3,455	310	319
19	7,454	5,533	2,802	235	166
20	7,228	5,219	3,344	163	100
21	5,624	2,844	2,834	96	84

(注)2021年度は21年11月30日時点
(出所) 全国の消費生活センターに寄せられた相談の件数を基に東洋経済作成

中でも、近年多いのが情報商材。それなりの資産を保有していても、「将来が不安」という人は少なくない。「これを見れば株で負けることはありません」などと書かれた広告に飛びつき、だまされてしまうケースは枚挙にいとまがない。

次いで多いのがファンド型投資商品。「運用益を配当金として支払う」などと言って資金を集める。しかし実際には運用せず、新しい出資者からの出資金を配当金として支払いながら、破綻することを前提にお金をだまし取る、いわゆる「ポンジ・スキーム」による被害は後を絶たない。

最近では、暗号資産に関する相談も増加傾向にある。

例えば、2021年11月に摘発され、金融商品取引法違反容疑で男女7人が逮捕された「ジュビリーエース事件」。暗号資産の価格が各取引所で異なることを利用して利ザヤを稼ぐアービトラージ（裁定取引）を商材にしたポンジ・スキームで、実際には運用していないにもかかわらず「元本保証」「月利20％」などとうたって個人投資家を勧誘し、全国で650億円もの資金を不正に集めていた。もちろんすべてではないが、富裕層も数多くだまされていたという話が伝わってくる。

根強く残る健康系詐欺

国民生活センターに寄せられた相談のうち、富裕層が対象になっているものといえ、いずれも高額被害に遭った具体的なケースを見ていこう。

マッチングアプリで知り合った海外の女性からＦＸ（外国為替証拠金取引）の儲け話を持ちかけられ口座に入金、その後もさまざまな名目で入金を要求されたが、ある日を境に急に連絡が途絶えてしまったというものもあった。

こうした投資話はもちろんのこと、根強く残るのは健康系のものだ。「がんが治る」「薄毛が治る」など、いずれも不安やコンプレックスをあおりながら科学的根拠のない高額商品を売りつけており、被害総額は数百万円から中には数千万円に上るケースもあった。

国民生活センター相談情報部の神辺寛之氏は、「誰もが最初は疑っていても、相手は心の弱さを突くことに長けている詐欺師だけに、いつの間にかだまされている」としたうえで、「本当においしい話があるのなら、他人に勧めず本人がしているはず。その段階で気づく必要がある」と警鐘を鳴らす。
そもそも、富裕層であるということを知りながら近づいてくること自体がおかしい話。甘い話にだまされないようくれぐれも用心してほしい。

（田島靖久）

【週刊東洋経済】

本書は、東洋経済新報社『週刊東洋経済』2022年1月8日号より抜粋、加筆修正のうえ制作しています。この記事が完全収録された底本をはじめ、雑誌バックナンバーは小社ホームページからもお求めいただけます。

小社では、『週刊東洋経済eビジネス新書』シリーズをはじめ、このほかにも多数の電子書籍ラインナップをそろえております。ぜひストアにて「**東洋経済**」で**検索**してみてください。

『週刊東洋経済eビジネス新書』シリーズ

No.379　車載半導体　争奪戦
No.380　マルクス　vs. ケインズ
No.381　医療テック最前線
No.382　漂流する東芝
No.383　不動産投資　光と影

No.384　コンサル全解明
No.385　大転換の商社ビジネス
No.386　会社とジェンダー
No.387　全解明　経済安全保障
No.388　ソニー　掛け算の経営
No.389　２０５０年の中国〔前編〕
No.390　２０５０年の中国〔後編〕
No.391　相続の新常識
No.392　無敵の文章術
No.393　物流　頂上決戦
No.394　すごいベンチャー２０２１〔前編〕
No.395　すごいベンチャー２０２１〔後編〕
No.396　米国株　超入門
No.397　ビジネスと人権

No.398　無敵の話し方
No.399　ＥＶ　産業革命
No.400　実家のしまい方
No.401　みずほ　解けない呪縛
No.402　私大トップ校　次の戦略
No.403　ニッポン再生　７つの論点
No.404　マンション管理
No.405　学び直しの「近現代史」
No.406　電池　世界争奪戦
No.407　定年格差　シニアの働き方
No.408　今を語る１６の視点　２０２２

週刊東洋経済eビジネス新書　No.409
狙われる富裕層

【本誌（底本）】
編集局　田島靖久、中村正毅、藤原宏成
デザイン　藤本麻衣、小林由依
進行管理　下村　恵
発行日　2022年1月8日

【電子版】
編集制作　塚田由紀夫、長谷川　隆
デザイン　市川和代
表紙写真　尾形繁文
制作協力　丸井工文社

発行日　2022年11月3日　Ver.1

発行所　〒103-8345
東京都中央区日本橋本石町1-2-1
東洋経済新報社
電話　東洋経済カスタマーセンター
03（6386）1040
https://toyokeizai.net/

発行人　駒橋憲一

電子書籍化に際しては、仕様上の都合などにより適宜編集を加えています。登場人物に関する情報、価格、為替レートなどは、特に記載のない限り底本編集当時のものです。一部の漢字を簡易慣用字体やかなで表記している場合があります。本書は縦書きでレイアウトしています。ご覧になる機種により表示に差が生じることがあります。

本書に掲載している記事、写真、図表、データ等は、著作権法や不正競争防止法をはじめとする各種法律で保護されています。当社の許諾を得ることなく、本誌の全部または一部を、複製、翻案、公衆送信する等の利用はできません。

もしこれらに違反した場合、たとえそれが軽微な利用であったとしても、当社の利益を不当に害する行為として損害賠償その他の法的措置を講ずることがありますのでご注意ください。本誌の利用をご希望の場合は、事前に当社（TEL：03－6386－1040もしくは当社ホームページの「転載申請入力フォーム」）までお問い合わせください。

※本刊行物は、電子書籍版に基づいてプリントオンデマンド版として作成されたものです。